O TEMPO
E A VIDA

O TEMPO E A VIDA

UM ENCONTRO ENTRE

MARCELO GLEISER & MARIO SERGIO CORTELLA

COLEÇÃO
SEGREDOS DA VIDA
VOL. 1

1ª edição

EDITORA RECORD
RIO DE JANEIRO • SÃO PAULO
2022

CIP-BRASIL. CATALOGAÇÃO NA PUBLICAÇÃO
SINDICATO NACIONAL DOS EDITORES DE LIVROS, RJ

G468t

Gleiser, Marcelo.
    O tempo e a vida: um encontro entre Marcelo Gleiser e Mario Sergio Cortella / Marcelo Gleiser, Mario Sergio Cortella. – 1. ed. – Rio de Janero: Record, 2022.
    (Segredos da vida ; 1)

    ISBN 978-65-5587-563-8

    1. Comunicação interpessoal - Aspectos sociais. 2. Redes sociais on-line. 3. Diálogos - Pandemia de COVID-19, 2020. I. Cortella, Mario Sergio. II. Título. III. Série

22-78603

CDD: 158.2
CDU: 316.772.4

Gabriela Faray Ferreira Lopes - Bibliotecária - CRB-7/6643

Copyright © Marcelo Gleiser e Mario Sergio Cortella, 2022

Todos os direitos reservados. Proibida a reprodução, armazenamento ou transmissão de partes deste livro, através de quaisquer meios, sem prévia autorização por escrito.

Texto revisado segundo o novo Acordo Ortográfico da Língua Portuguesa.

Direitos exclusivos desta edição reservados pela
EDITORA RECORD LTDA.
Rua Argentina, 171 – 20921-380 – Rio de Janeiro, RJ – Tel.: (21) 2585-2000.

Impresso no Brasil

ISBN 978-65-5587-563-8

Seja um leitor preferencial Record.
Cadastre-se em www.record.com.br
e receba informações sobre nossos
lançamentos e nossas promoções.

Atendimento e venda direta ao leitor:
sac@record.com.br

"Ao longo da vida, continue sempre aprendendo a viver."

*"Não é porque as coisas são difíceis que não arriscamos.
É porque não arriscamos que as coisas são difíceis."*

Sêneca

Dedicamos este livro àqueles que acordam todos os dias acreditando que, ao se deitarem à noite, terão tornado o mundo um lugar melhor.

SUMÁRIO

Sobre a coleção   11

PARTE I   Sobre o tempo e o livre-arbítrio   13
PARTE II   Sobre a criatividade   59
PARTE III   Sobre as origens da filosofia   85
PARTE IV   Sobre a ética, a morte e o saber viver   117

Agradecimentos   139

SOBRE A COLEÇÃO

Durante os dois primeiros anos da grande pandemia que vivenciamos, fomos forçados a repensar nossas vidas. Sob o ponto de vista prático, o trabalho foi interrompido ou relegado a funcionar remotamente. As escolas pararam ou se tornaram viáveis online apenas. As famílias se distanciaram. Pessoas queridas morreram, muitas vezes sem a companhia dos entes amados. Perdemos todos, ficando desnorteados pela força de circunstâncias além do nosso controle. A aproximação, quando possível, foi relegada ao virtual. Foi nesse contexto que decidi recriar minha presença na mídia social, em particular no YouTube, produzindo conteúdo grátis sobre ciência, filosofia, religião, história, procurando sempre abordar temas que fossem relevantes para os que me acompanhavam. Foi nesse contexto que criamos o Papo Astral, encontros ao vivo com pessoas notáveis, deixando registradas para a posteridade ideias de pensadoras e pensadores os mais variados, de cientistas e filósofos a empreendedores sociais.

Nesses tempos conturbados em que vivemos, precisamos estar juntos, celebrando o espírito humano, trazendo para perto de nós o conhecimento e a sabedoria das eras. Essa é a intenção da coleção Segredos da Vida. Nessas conversas, abordamos temas diferenciados e transformadores, com a intenção de impactar nossos leitores, buscando inspirar uma reflexão mais profunda sobre temas que considero essenciais. Aqueles que nos fazem acordar todos os dias com um senso de missão: melhorar nossa vida e a das pessoas à nossa volta. Da filosofia à religião, da ciência à história, reunimos aqui uma grande diversidade temática que, tenho certeza, ressoará em todos aqueles que abrirem esses volumes com a intenção de se renovar.

Essas conversas são, antes de mais nada, um convite. Um convite para crescermos juntos, para aprendermos com pontos de vista diferentes, para expandirmos nossos horizontes intelectuais e emocionais, para aprimorarmos a arte do bem viver. Espero que, ao fim, sua jornada tenha sido tão gratificante quanto a minha.

Marcelo Gleiser
Hanover, maio de 2022

PARTE I

Sobre o tempo e o livre-arbítrio

MARCELO GLEISER: Caro Mario Sergio, pensei em começar falando sobre a questão do tempo e do livre-arbítrio. É um assunto fascinante, tanto científica quanto filosoficamente.

O que é o tempo? Podemos falar de várias formas diferentes sobre isso, sobre o determinismo, a natureza da liberdade, a diferença entre o tempo matemático e o tempo psicológico, o livre-arbítrio, a inevitabilidade da morte...

Sabendo que você, na juventude, teve uma experiência na Ordem Carmelitana Descalça,* temos que começar mencionando Santo Agostinho, certo? Afinal, ele foi um dos que refletiram sobre a natureza do tempo de forma bem moderna, ainda no final do século IV, início do século V. Nas *Confissões* (cap. XIV), ele disse algo como: "O que é, então, o tempo? Se ninguém me pergunta, eu sei; se tento explicar para quem me pergunta, eu não sei." O tempo é muito mais fácil identificar do que definir. Entendemos a passagem do tempo, nós a sentimos todos os dias, o passar dos anos em frente ao espelho, mas não sabemos exatamente como definir isso. O tempo é concreto e misterioso. Tanto assim que filósofos e físicos, sobretudo estes

---

* A Ordem do Carmo ou Ordem dos Carmelitas, originalmente chamada Ordem dos Irmãos da Bem-Aventurada Virgem Maria do Monte Carmelo, é uma ordem religiosa católica que surgiu no final do século XI, na região do Monte Carmelo, onde hoje há, desde 1892, o Mosteiro de Nossa Senhora do Monte Carmelo. (*N. do E.*)

últimos, não se entendem bem com relação à natureza do tempo. Alguns físicos chegam a dizer que o tempo não existe, que é uma fabricação da nossa percepção distorcida da realidade. Essa não é minha opinião, mas a hipótese existe e é levada a sério por muita gente competente. Não tem como esconder a passagem do tempo por trás de um formalismo matemático que diz que o tempo não existe. Esses são truques abstratos que não refletem o mundo em que vivemos.

A popularidade dessa controvérsia explodiu em 1922, em Paris, quando o filósofo mais famoso do mundo na época, Henri Bergson, se encontrou com o cientista mais famoso do mundo na época, Albert Einstein, para discutir a questão do tempo num teatro. Os dois tinham pontos de vista que refletiam visões de mundo muito diferentes. Bergson falava: "O tempo tem a ver com duração, é uma coisa subjetiva. É uma questão de como percebemos com nitidez que existe um passado, um presente e um futuro, mesmo que só se consiga existir neste presente, que é algo meio efêmero." Ou seja, sabemos intuitivamente que existe um passado, do qual nos lembramos, e um futuro, para onde iremos — mesmo que, concretamente, nossa existência esteja no presente. Ninguém se lembra do futuro.

Einstein rebateu dizendo que não existe apenas o tempo do cientista. Aquele tempo linear, matemático, dividido em horas, minutos, segundos, frações de segundo. Vale lembrar que a passagem do tempo está ligada com a astronomia, com a rotação da Terra em torno de si mesma, em um dia, e da Terra em torno do sol, em um ano. Desses fenômenos astronômicos vêm as definições de hora, dia e ano que usamos para nos orientar. A imagem que vem à mente é a do tempo como um rio que flui sempre no mesmo ritmo, o que os físicos chamam de tempo absoluto. Einstein mostrou que, na verdade, esse fluir do tempo não é igual para todos, pois depende de como observadores se movem uns em relação aos outros, o tempo da teoria da relatividade. (As correções são mínimas nas velocidades do nosso dia a dia.) Porém, mesmo na teoria da relatividade, o tempo flui como um rio, descrito matematicamente de forma precisa — se bem que o rio agora pode ter áreas com maior ou menor correnteza. Usando relógios e outros instrumentos mais sofisticados, somos capazes de medir a passagem desse tempo com precisão mecânica, racional.

Historicamente, Einstein saiu "vencedor" desse debate, meio que calando Bergson com os sucessos da ciência que adota essa visão matemática do tempo, e afirmando que um tempo intuitivo tornaria a ciência impossível. Porém, no final da vida, Einstein se arrependeu de sua posição radical, perguntando-se como seria possível acomodar cientificamente a percepção mais subjetiva da passagem do tempo, que às vezes parece passar mais devagar, às vezes mais rápido, mesmo que, na verdade, passe sempre da mesma forma. Afinal, a rotação da Terra não depende de como estamos nos sentindo.

MARIO SERGIO CORTELLA: Ainda bem que deu tempo de falarmos disso.

MG: Ainda bem que deu tempo para que Einstein se...

MSC: Para que se arrependesse. Essa é uma das condições do tempo. Ele é reversível no campo da consciência. Talvez não seja ainda reversível no campo do que são as leis da física. Mas como possibilidade de refazê-lo, reinventá-lo, revisitá-lo, é reversível, sim. Eu acabo até, Marcelo, marcando isso com a ideia de uma pessoa muito religiosa também, com a qual eu não tenho afinidade no campo metafísico, mas pela qual tenho imensa admiração, o Chico Xavier. Um homem que passou a vida produzindo bondade. Não sou reencarnacionista nem sigo a perspectiva do espiritismo kardecista, ou mesmo da transmigração do povo celta. Mas há uma frase atribuída a Chico Xavier que tem uma percepção filosófica que nem sempre coincide, e às vezes colide, com aquilo que a física identifica: "Embora ninguém seja capaz de fazer um novo começo, qualquer pessoa pode começar agora a fazer um novo fim."

Essa possibilidade remete ao que você identifica em Agostinho, cuja conversa, ali no século V, tem como referência algo anterior. É preciso lembrar que Agostinho era um platonista de primeira linha e que, portanto, sua noção sobre o tempo foi influenciada por Platão — que, por sua vez, foi influenciado pela concepção da mitologia grega clássica. Eu me lembro que, na escola, a primeira ideia de tempo que tive estava ligada ao que eu conseguia guardar na cabeça: memorizar alguma coisa impedia que o tempo a destruísse de vez. Minha memória era minha defesa contra o tempo. Isso me parece se encaixar na noção de duração sugerida por Bergson.

Em filosofia, ao se consultar a fonte clássica, vemos que aquilo que hoje é chamado de física dá origem à filosofia. A filosofia não nasce fora da física. Se você olhar os grandes pensadores no ponto de partida do nosso passado ocidental, os chamados pré-socráticos,* todos se dedicavam a questões ligadas à física. A palavra "física" foi trazida por Pitágoras, hoje visto como um "matemático", e a palavra "filosofia" também. As grandes questões que vêm à tona com os pré-socráticos estão ligadas, de maneira geral, a como é o mundo, como funciona, à cosmologia. E, ainda antes, à cosmogonia, a origem do mundo. Isso é interessante porque a ideia de tempo, por um lado, não escapa desse movimento inicial, cosmogônico, se a intenção é saber

---

* Cada um dos filósofos gregos anteriores ou, em alguns casos, contemporâneos a Sócrates (470-399 a.C.), que se caracterizavam pela reflexão a respeito da origem e da essência do mundo natural, em oposição às preocupações centrais do socratismo e doutrinas posteriores com a ética e a teoria do conhecimento. (*N. do E.*)

qual a fonte da existência, da materialidade do universo, e, por outro, como este universo opera. O tempo faz parte dessa discussão, e eu concluo minha reflexão inicial lembrando que, na filosofia, olhamos o tempo de duas formas: o tempo como duração, que você mencionou, e o tempo como ocasião. O tempo como duração é o tempo do "Que horas são?"; o tempo como ocasião é "A hora é agora!". Portanto, são dois movimentos diversos que têm a ver com o que você dizia antes. Entre Bergson e Einstein, eu ficaria com ambos.

MG: Exatamente, não é uma questão de quem "ganhou". Mas gostei dessa sua colocação sobre a distinção entre as tradições cosmogônicas, da gênese do cosmo e as tradições cosmológicas, que vêm um pouco mais tarde. Na tradição cosmogônica, *temos* que falar sobre a origem do tempo. Afinal, é essencialmente quando o tempo começa. E quando examinamos histórias de criação do mundo, os chamados "mitos de criação",[1] vemos que existem essencialmente três tipos de tempo com relação ao universo. O tempo linear, que é o tempo do Gênesis bíblico, por exemplo, é um deles. Na tradição judaico-cristã, o universo começa em determinado momento no passado e tem uma evolução a partir de então. São universos com uma origem temporal, com um nascimento, uma história, como nós.

O segundo tipo de tempo que encontramos nas narrativas de criação é o tempo circular, expresso belissimamente no mito hindu que conta a criação e destruição cíclica do cosmo a partir da dança do deus Shiva — um cosmo que nasce, é destruído e renasce, perpetuamente. O terceiro tipo de tempo é o não tempo, a ideia daquele universo que não é criado, um universo eterno, sem um momento de origem, mas também

---

[1] Ver *A dança do universo*, de Marcelo Gleiser. São Paulo: Companhia das Letras, 1997.

sem um processo constante de morte e renascimento. Esse tipo de mito vem, por exemplo, dos jainistas,* da Índia, e de também Aristóteles.

Aristóteles, discípulo de Platão, também dizia que o universo é eterno. Esse cosmo aristotélico vai ser adotado mais tarde pelo cristianismo, ilustrado dramaticamente no poema de Dante, *A divina comédia*. O cosmo em esferas concêntricas, como uma cebola; a Terra no centro e tudo girando em torno dela. No Gênesis, esse cosmo é criado por Deus, dando início ao tempo. O cosmo medieval é uma junção curiosa do Gênesis com Aristóteles: o Deus criador interfere no universo eterno. O que leva a uma pergunta que irritava profundamente Santo Agostinho. "Se Deus criou o mundo, o que estava fazendo antes?" A resposta que ele próprio deu é clássica: "Antes de criar o cosmo, Deus criou o inferno para botar essas pessoas que fazem esse tipo de pergunta."

MSC: A pergunta que mais agoniou Agostinho é sobre a ideia de onipotência, onisciência e onipresença divina. Aquilo que se colocou para ele como um verdadeiro dilema. Mas essa tirada do inferno é extremamente sagaz.

MG: Sagaz mesmo. Mas o próprio Agostinho disse logo depois que era "brincadeirinha".

Sobre a questão da origem do tempo, o que se afirma teologicamente é que o tempo e o espaço surgem com a criação do universo por Deus, ou seja, o tempo e o espaço foram criados na criação. Portanto, não existia um antes, antes de o universo existir. A história do tempo começa com a origem do tempo. Dado que o cosmo surge de uma

---

* O jainismo é uma religião fundada na Índia no século VI a.C. por Mahavira. Não reconhece a autoridade dos brâmanes nem dos textos Vedas. Originou-se no contexto de rompimento com o hinduísmo e com a tradição védica. (*N. do E.*)

criação divina, o tempo surge com ele, nesse ato de criação. Não vou entrar nesse mérito aqui, mas vários modelos modernos da cosmologia falam algo semelhante, que o tempo nasce com o universo, que não existe um antes de o tempo existir.

MSC: A ideia mais marcante disso, o que para mim é espantoso, é que o filósofo pré-socrático Heráclito possa ter capturado um pouco do que hoje vocês trabalham na física quântica, quando, em um de seus fragmentos, diz que este mundo, este cosmos, este universo... nem o homem o fez, nenhum Deus o fez. Ele é um fogo eterno que acende e apaga, segundo uma medida desconhecida. É uma cosmogonia caldeia, hebraica, mesopotâmica, que vai indicar um início, ou vários, certo? Um ponto de partida. Se olharmos, por exemplo, a concepção platônica, e dos que antes dele também trabalharam nisso — e que terão grande influência, inclusive no pensamento de Agostinho, na percepção sobre a eternidade —, quando se fala em eterno e imaterial, a ideia de tempo e espaço desaparece. É claro que Platão não teria nenhuma dificuldade com esse entendimento.

Na cosmologia grega clássica, especialmente nos séculos V e IV a.C., a noção central era que não existia uma criação do nada, aquilo que dentro do mundo judaico-cristão é o *creatio ex nihilo*.[*] Existia um tempo que não era tempo porque era uma eternidade, portanto não tinha duração nem medida. O criador decidiu, por vontade própria, por livre-arbítrio, fazer o que fez, criar o tempo. Fez porque, no livro do Gênesis, achou que queria fazer. Fez porque "estava a fim", para usar um termo mais contemporâneo. No livro do Gênesis, logo no início, não só Ele fez o cosmo como, quando terminou, viu que era

---

[*] É a doutrina de que a matéria não é eterna, mas deve ser criada por algum ato criativo divino. É uma resposta teísta à questão de como o universo passou a existir. (*N. do E.*)

bom. Acho que, se esperasse alguns séculos mais, talvez não tivesse essa mesma perspectiva. Ainda assim, temos o ponto de partida. Essa ideia é central. A ideia de uma criação do nada — portanto, uma *gênese* que venha a partir da inexistência — necessita algo que é externo ao material para criar o material. Isso é diferente da cosmogonia clássica greco-mesopotâmica (aliás, greco-romana), que indica uma noção de ordenamento, não de criação. Entre gregos e romanos não havia uma divindade que cria. Há uma divindade que organiza, que estrutura, o famoso demiurgo.

MG: Exatamente. E é interessante essa contraposição porque na Grécia Antiga o processo de origem do cosmos era uma transição entre caos e cosmos. O caos, a falta de ordem; o cosmos, a ordenação. Aliás, é daí que vem a palavra "cosmético". Sempre gosto de brincar lembrando que cosmético é para "pôr ordem na cara". E o cosmos, por sua vez, é a ordem material das coisas. E é interessante esse ponto que você levantou, que para criar algo que existe *dentro* do espaço e do tempo, ou seja, algo que tenha extensão e duração, é necessária uma divindade que transcenda esses nossos limites de duração e extensão, isto é, uma entidade sobrenatural.

MSC: É. Aquilo que Aristóteles chamará de metafísica sobrenatural, que vai além deste mundo. E acrescento aqui a perspectiva de que a noção de caos tem, também, a percepção de "fenda". Existe uma concepção erótica por trás disso, que se torna meio universal quando se analisa boa parte daquilo que a mitologia cosmogônica original diz: existe a matéria bruta, isto é, existe o caos, que é a matéria sem forma, a matéria disforme. É como a argila, o barro, a matéria usada por alguém que vai esculpir. O escultor não cria a argila, apenas dá forma a ela. E o Deus ordenador é que vai pegar essa argila e moldá-la.

Daí a concepção platônica, que é decisiva, especialmente no livro *A República*, em que esse assunto aparece de forma direta. O criador ordena essa argila. E aí surge uma questão: para modelar, é preciso ter um modelo. Mas onde está esse modelo na cosmogonia platônica? Está nas ideias imateriais, nas verdades perfeitas, não nas imagens, nas cópias.

Portanto, a noção grega do Deus ordenador antecede a do Deus criador. Essa noção do Deus criador vai ser mais medieval dentro da filosofia ocidental. Na Antiguidade, é um Deus ordenador. E aqui entra o aspecto erótico. Esse Deus ordenador penetra a fenda, isto é, o caos, a desordem, e faz ali a gestação da ordem, a gestação daquilo que é o mundo, e o organiza. Aquilo que você chamou de cosmética — o mundo fica organizado, deixa de ser disforme. É interessante porque aqui há duas suposições: a primeira, que existe algo que antecede o mundo, uma matéria que não é mundo, que não é cosmos, que não é ordem. Segundo, que para o mundo ser modelado — portanto, para que tudo exista —, é preciso uma referência. E essa referência é imaterial, eterna, intangível e absolutamente inalterável. Tal noção circulou, no século VI a.C., entre os discípulos de Parmênides e os discípulos de Heráclito.

MG: Exatamente, a tensão criadora entre o Ser e o Devir, entre o que não muda e o que está sempre em transformação. Tensão que, aliás, continua a assombrar a filosofia de uma forma ou outra.

MSC: Nessa hora, quem "vence" a "disputa" entre Bergson e Einstein? Vencem os parmenidianos, não é? Porque a noção heraclítica é uma ameaça política. Quando se supõe que tudo muda, isso o leva a pensar o poder, quem manda, quem está por cima. Portanto, Heráclito será recusado politicamente como concepção filosófica. E a ciência?

Também está submetida. As condições à sua volta, sempre em fluxo. A noção de Heráclito aparece de outro modo, mas muito pertinente. A física trabalha isso como uma referência, não? Ela chega a ter uma ideia de cosmogonia?

MG: Você quer dizer dentro da física moderna?

MSC: Sim.

MG: Essa é uma das questões que eu chamaria de incognoscíveis. O que a física moderna está fazendo no momento é tentar reconstruir a história do universo do presente ao passado, chegando cada vez mais perto desse momento da origem. Mas o problema é que as leis da física, como nós as conhecemos hoje, deixam de fazer sentido à medida que as condições vão ficando muito dramáticas, que é o que ocorre quando nos aproximamos do momento inicial da "criação". Portanto, quando chegamos perto do chamado $t = 0$, o início de tudo, estamos tratando de temperaturas muito altas, de pressões e densidades de matéria e radiação muito altas, e todo o conhecimento que se tem hoje das propriedades da matéria e como ela interage deixa de fazer sentido. Com isso, não conseguimos criar uma teoria que tenha muita credibilidade, apesar da existência de vários modelos que tentam dar algum sentido ao início de tudo.

O próprio Stephen Hawking criou um modelo bem simplificado, no qual o Universo surge de uma fase anterior em que o tempo não existia, uma fase dominada pela física quântica. E, com uma ponta de orgulho — na minha opinião, injustificado —, ele dizia que, por ter inventado esse modelo, resolveu o problema da origem do universo, o que, aliás, é totalmente equivocado. Hawking e outros (inclusive eu) certamente não resolveram a questão da origem do universo com esse ou outros modelos. As perguntas fundamentais continuam em aberto: a origem das leis da física usadas no modelo, as simplificações não explicadas que o modelo exige... Não é possível fazer ciência sem um arcabouço conceitual, e a origem de tudo inclui a origem dos conceitos científicos, algo que a ciência não tem como abordar. Mas é interessante que o modelo tem um "jeito" de Santo Agostinho, porque, no início, não existia o tempo, era um universo sem tempo, atemporal; o tempo surge na transição da fase quântica para a fase clássica.

MSC: Que é Platão também.

MG: Que é Platão também. O modelo começa com um espaço inerte de quatro dimensões iguais, sem tempo, que, eventualmente, devido a flutuações quânticas, vai se transmutando em um universo clássico. O tempo emerge de uma dessas quatro dimensões e começa a passar, como na realidade em que vivemos. Emergir sem um criador: essa é a ideia metafísica desses modelos, a ciência se "livrando" de Deus. E então há ordenação gradual da matéria, o universo se expandindo como conhecemos.

O problema desses modelos é que são, em primeiro lugar, altamente especulativos; segundo, muito simplificados, porque as condições são muito complexas; e, terceiro, eles já usam — e isso é essencial — toda uma estrutura metafísica que é necessária para fazermos ciência, como acabo de mencionar. Se você fala do espaço, do tempo, da energia, das leis de conservação da natureza, toda uma estrutura conceitual é necessária para se criar esse modelo. Portanto, quando Hawking faz a asserção de que, com esse modelo, resolveu o problema da origem do universo, portanto Deus não é necessário, ele não só está sendo extremamente arrogante, mas também cometendo um erro epistemológico fundamental. Porque não resolveu nada, está usando elementos que precisam ser explicados e que a ciência não consegue se explicar. Como quando construímos um prédio: precisamos de tijolos, de cimento, canos... Sem tijolo e cimento, não se constrói um prédio. A ciência é assim também — ela precisa de uma estrutura conceitual para funcionar. A origem do universo pede algo que a ciência não pode dar, que é uma explicação de si mesma.

MSC: Concordo. Agora, veja que diferença entre a física e a filosofia; não é uma colisão, mas uma diferença. Você dizia que a temática da origem, uma noção nítida da origem, é algo incognoscível na física moderna. Enquanto que na filosofia, pelo menos em uma de suas correntes, poderíamos dizer que é um "ainda não". Quando diz "é incognoscível", você está indicando quase que um infinitivo, usando aí uma noção de tempo. Se adotarmos a ideia de um tempo que poderá ter, na sua passagem, na sua mudança, a construção de algo que ainda não é, esse "ainda não", a filosofia parece ser mais aberta.

MG: A filosofia não precisa se preocupar com a validação empírica, a verificação de hipóteses por meio de observações e experimentos. Isso lhe dá, certamente, uma flexibilidade maior que a da ciência.

MSC: Mas sabe o que eu queria ressaltar? Você disse que quanto mais se aproxima do $t = 0$, tudo vai ficando mais dramático. A concepção greco-romana não admitiria esta expressão, "dramático". Porque a concepção clássica greco-romana é trágica. Ela não é dramática. A noção "dramática" é uma invenção judaico-cristã. Tem a ver com a possibilidade de os humanos terem alguma interferência no andamento das coisas. Você sabe que a própria ideia de tragédia, que, não por acaso, é a forma mais expressiva do teatro clássico grego, está ligada à noção de que os deuses rirão da humanidade, como riram de

Stephen Hawking várias vezes sempre que ele afirmava ter chegado à solução. A risada dos deuses vem lá do fundo, em larga escala. Os gregos antigos diriam que isso é algo marcado pela impossibilidade humana de direção, de controle.

A noção de tragédia é aquilo em que nós não temos como interferir, isto é, façamos o que fizermos, não haverá alternativa para que a nossa vontade tenha lugar, diferentemente da noção judaico-cristã, na qual a divindade faz o humano e dá a ele a escolha de fazer o que quiser, menos... E é claro que esse "menos" é a criação de tudo. Nós passamos do Prometeu dos gregos para Adão com uma velocidade imensa. Aquilo que Prometeu fez como culpa — deu aos homens o conhecimento e o controle do fogo dos deuses — Adão fez como redenção. Não fosse a capacidade de Adão de desobedecer (comendo a maçã do conhecimento), estaríamos ainda, como diz o meu xará Mario Quintana, num lugar extremamente enfadonho, que é o paraíso. Mario Quintana dizia que o paraíso devia ser os domingos à tarde.

MG: É, o paraíso é mesmo extremamente chato, inerte. O que nos remete de volta à questão do tempo. Porque o paraíso essencialmente é a ausência do tempo, um lugar em que não existe transformação, onde nada muda de forma mais marcante. Existem apenas pequenas mudanças. Você pode andar do rio até o lago para beber do elixir dos deuses, mas não tem nada de muito interessante acontecendo em torno. Por isso é enfadonho; porque quando não temos uma concepção do tempo, a vida deixa de ser interessante.

MSC: Sim, porque você não tem aquilo que mais nos move, que é a possibilidade da finitude, o fato do eu não ter uma eternidade. Há um filme antigo, de 1974, chamado *Zardoz*, estrelado por Sean Connery e dirigido por John Boorman. É uma espécie de distopia, e o título é uma brincadeira em inglês com o título do filme *O mágico de Oz*. O filme conta a história de uma comunidade humana que consegue, a partir do uso de cristais — portanto, usando a ciência, não a metafísica —, a cessação do tempo. Essa comunidade está junta em determinado local há mais de quatrocentos anos e nenhum de seus integrantes perece. A questão é que eles têm sua vida garantida nessa infinitude. Mas existia um grupo de "bárbaros" vivendo fora desse mundo eterno, na Terra mesmo, em nosso planeta, isto é, fora do paraíso teológico. Um dia os integrantes da comunidade resolvem que desejam ser mortais e que a única solução é quebrar o cristal que garante a cessação do tempo. E só um escravo conseguiria fazê-lo (como você disse, Marcelo, a física não explica a si mesma).

Sean Connery é o principal dos escravos e é ele que vai tentar quebrar o cristal. Quando eles conseguem quebrá-lo, os bárbaros entram a cavalo com pistolas, e os imortais, ajoelhados, agradecem a bênção da morte. A bênção da morte, como Baudelaire. A ideia daquilo que vem e te abençoa. E tudo ao som do segundo movimento da Sétima Sinfonia de Beethoven — portanto, uma coisa estupenda. Estou lembrando esse filme porque, ao falar do paraíso como sendo a cessação do tempo, enfadonho, acho que saber que não tenho todo o tempo do mundo, em larga medida, é o que me impulsiona, e a outras pessoas também, a completar uma obra, fazer um trabalho, a realizar algo.

MG: Isso mesmo, Mario Sergio. Estamos já misturando todos os temas da nossa conversa! Mas isso é muito bom, porque o tempo é um tema de confluência, que demanda muitos tipos de conhecimento, de informação.

MSC: Isso aí é quântico.

MG: Sim, saltos quânticos temáticos! Mas o leitor precisa saber que vamos ainda falar sobre a criatividade, sobre as origens da filosofia grega e sobre vida e morte em mais detalhe daqui a pouco.

MSC: Existe isso? Vamos falar? Existe futuro?

MG: Existem os planos que fazemos. O futuro é uma antecipação, nunca uma certeza.

MSC: Veja Pierre Dac. Ele era um ator de cinema francês, falecido em 1975, que usava uma expressão que cito com frequência. Ele dizia que o futuro é o passado em preparação, por isso, nessa hora, me lembro também do... Você é carioca de origem Marcelo?

MG: Sou, sou carioca.

MSC: Então, me lembro de um carioca nascido no Méier, o genial Millôr Fernandes, que morreu em 2012, um polímata estupendo. Ele morreu com quase 88 anos, mas, aos 80, escreveu algo que é para mim um lema de vida: "Atenção, moçada, quando eu disser *no meu tempo*, quero dizer *daqui a dez anos*." Portanto, essa ideia marca muito a certeza da passagem do tempo, que você lembrou, e por isso vamos misturando os temas.

MG: A memória é um grande baralho de episódios e saberes. E o que somos sem ela? Nada. O passado é o que nos norteia, o que nos define enquanto indivíduos, com uma história que é só nossa. Mas desejamos uma extensão do passado para o futuro, que seriam esses dez anos do Millôr.

MSC: Aliás, quero voltar à noção do dramático e do trágico, porque a concepção trágica no grego antigo significa "o canto do bode". Não sei se sabe disso, mas *tragos*, no grego antigo, quer dizer *bode*. É o animal bode, o *bode expiatório*, que os cristãos vão chamar de *cordeiro* porque é uma herança do judaísmo. Todas as vezes que, no mundo clássico grego, se fazia um sacrifício para aplacar a fúria dos deuses, era preciso que um bode fosse sacrificado. O bode expiatório, agente da purificação. E esse bode, chegando ao altar, era acompanhado de um coro que cantava hinos — aliás, daí vem a expressão "canto do bode". Desse sacrifício do bode, no nosso idioma, vem a palavra *tragédia*. E isso significa que o trágico é aquilo que faz com que você tenha de subir no cadafalso — aquela ideia do filme *O silêncio dos inocentes*: você vai para o fim sem nenhum tipo de escapatória. O bom cabrito não berra, dizia tua bisavó. Nesse sentido aparece a ideia da submissão, de que não há alternativa, de que se está fadado. Aquele espírito lusitano do fado (mas essa é uma outra conversa). Você está fadado a algo para o qual não há alternativa. Isso é uma compreensão de que o seu tempo não lhe pertence; uma vez entendido que há uma coincidência entre minha vida e meu tempo, meu tempo não me pertence. Ele pertence aos deuses e, portanto, nada posso fazer a não ser vivê-lo a partir da necessária submissão a essa vontade divina, além do meu controle.

MG: Mas pelo menos o tempo pertence a você enquanto você dura. Você só não tem controle sobre o fim. (Tirando o suicídio, mas esse também é um outro papo.) O ponto central, então, é que o momento da morte é uma grande incógnita.

MSC: Depende da religião.

MG: Sim, claro, mas, focando num ponto de vista mais materialista, temos certo controle do que acontece enquanto vivemos, as escolhas que fazemos todos os dias — fora o que a vida nos traz sem que tenhamos opção, como acidentes, doenças, perdas etc. Mas a grande incógnita que todos enfrentamos é não saber quando chegará o nosso fim. Ninguém sabe como e quando vai morrer. Mas me parece que isso é uma coisa boa, não? Se alguém falasse "Mario Sergio, vou dizer exatamente quando e como você vai morrer", você gostaria de saber?

MSC: Eu entraria em estado de pânico.

MG: Pois é.

MSC: Para chamar aí um dos deuses mais importantes do passado...

MG: O Pã. Ele não era meio homem, meio bode?

MSC: Isso. Claro! E não por acaso. Eu entraria em estado de pânico! Seria terrível essa ideia da datação, de uma finitude marcada, essa perspectiva de que eu terei de aguardar, não com a expectativa de que se afaste, como é o nosso caso em relação à morte, mas como uma proximidade anunciada. Tal como a estação final de um trem que vai nessa direção, embora não enxerguemos o ponto de chegada e apenas saibamos que ele está lá. Se a ciência conseguisse, usando os meus telômeros — esses relógios genéticos nas pontas dos nossos cromossomas —, fazer uma previsão de qual é o momento em que minha vida cessará, eu ficaria em estado de tensão permanente.

Hoje, vivo em estado de atenção. Para mim, a morte não é uma ameaça, mas sim uma advertência. A minha mortalidade, a minha finitude, é uma condição, uma condição de se estar vivo. No entanto, também é uma advertência, isto é, a vida termina. E, se termina, não a desperdice, não a descarte, não seja venal. Não seja marcado pelo vazio, aquilo que está lá no Eclesiastes, vaidade das vaidades, a vacuidade. Que, aliás, é o horror também na ciência, o vácuo, a ideia daquilo que não tem preenchimento. A vida é aquilo que se desmancha.

O que me leva a pensar na relação entre filosofia e ciência. Quando você disse para mim "nós, cientistas...", ouço isso com tranquilidade, pois a filosofia é a mãe de todas as ciências. A episteme grega clássica, o como entender o mundo, hoje é considerada uma espécie de tia velha que fica dentro do quarto, saindo e gritando de vez em quando. Gosto muito de uma definição de filosofia de Bertrand Russell, o matemático e filósofo inglês. Ele dizia que a filosofia é a ciência dos resíduos. Mal um conhecimento tem uma precisão, uma organização, uma nitidez, perde o nome de filosofia e ganha um nome específico: química, biologia, antropologia, e, aquilo que sobra, é a filosofia. Se a filosofia é a ciência dos resíduos, então pareceria para alguns — e sei que a conversa aqui não é sobre filosofia, mas não vou perder a chance — que a filosofia iria se esvaindo, esvaindo à medida que as áreas que estuda fossem sendo preenchidas por conhecimentos mais nítidos. Mas, ao contrário, à medida que cientistas avançam, a filosofia se alarga, não? Sua fronteira é o famoso paradoxo do telescópio e do microscópio: quanto mais avanço, mais fico sabendo que não sei muita coisa que antes eu nem estava sabendo.

MG: Esse é exatamente o argumento que uso em meu livro *A ilha do conhecimento*, justamente mostrando a impossibilidade de um conhecimento absoluto e final; que o paradoxo do conhecimento é a descoberta de novos não conhecimentos. O querer conhecer é um flerte com o desconhecido.

MSC: E aí eu volto exatamente ao ponto: se você me disser que eu vou "cessar", que há uma data para isso acontecer, esse conhecimento vai ser extremamente incômodo. Quando um médico ou uma médica diz "o senhor tem três meses de vida", a nossa maior esperança é que a medicina não seja uma ciência exata. Você já viu uma pessoa que recebe a notícia de que tem três meses de vida? Ela começa a fazer coisas que temos de fazer mais, mas não o tempo todo, que é tomar providências. Organiza isso, organiza aquilo. Vai deixando estruturado o que vem depois, há certa recusa ao ócio quando se sabe que há uma mortalidade já com data para se confirmar. O que eu quero, e aí concluo, não é que o trem pare; mas não quero saber o momento exato em que chegarei à estação final, aquela que, numa estrada de ferro, tem aquelas barras na frente do trilho e que dali não passa. O bom das religiões é que elas estilhaçam essas barras e fazem o trem passar adiante.

MG: Pois é, mas aí entra aquela história da tensão entre a fé e a ciência. No mundo moderno, se você tem um pensamento um pouco mais cético com relação à fé, fica muito difícil encontrar amparo diante da inevitabilidade da morte quando esse amparo é baseado em alguma coisa que vai acontecer depois da morte física. Certamente, é uma crença que ajuda bilhões de pessoas, mas continua sendo um artigo de fé. Até não ser. Mas como provar isso? E será que a prova é necessária?
    Tenho um amigo que é um monge budista tibetano treinado pelo Dalai Lama, um cara sensacional, chamado Alan Wallace. Os tibetanos acreditam seriamente em reencarnação, em carma. Sendo uma pessoa bem renomada no budismo tibetano, nos Estados Unidos e no mundo, ele está criando um centro de pesquisas em que pretende mostrar, com meditadores profundos monitorados por cientistas da área cognitiva, que é possível lembrar de fragmentos de vidas passadas. Alan quer transformar isso em ciência. Ele quer usar esses fragmentos de vidas passadas e verificar, por exemplo, nos anais das prefeituras do século XVIII ou de outros períodos, se o que está sendo

dito nessas memórias de outras vidas tem alguma coisa de real ou se é apenas uma fabricação da mente. Ou seja, ele quer tentar provar cientificamente, usando meditação e equipamentos sofisticados, que existe reencarnação, que a crença tibetana se justifica. A sucessão dos Dalai Lama, por exemplo, sempre vem dessa crença na reencarnação. Portanto, tem gente muito inteligente, muito preparada, que leva isso a sério, inclusive no Brasil, budistas tibetanos ou não. Você deve saber melhor do que eu que os kardecistas no Brasil são muitos.

MSC: Sim. Se você pegar no seu campo, o indiano Amit Goswami — não sei qual é a consistência do trabalho dele no campo da física, mas no campo da religiosidade, como oriental e hinduísta — tem um trabalho muito expressivo.

MG: É, mas Goswami mistura ciência e espiritualidade de uma forma que não me parece muito correta, usando conceitos de física quântica fora de contexto para justificar aspectos da sua crença. Isso confunde as pessoas mais do que as ilumina, acho eu, e dá origem a muita pseudociência, esse "quantismo" que aparece em todos os lugares atualmente.

MSC: Quando você diz "bom, a ciência moderna não lida muito com isso e, de fato, não são todos os cientistas que têm uma perspectiva do pós-morte", você fala da vertente mais ateísta dos cientistas, correto? Você se lembra de que foi lançado há alguns anos um livro de diálogos entre Umberto Eco e dom Carlo Maria Martini, o grande arcebispo de Milão, que por pouco não se tornou papa? O livro se chama *Em que creem os que não creem?*

MG: Ah, eu li esse livro anos atrás.

MSC: O livro me leva a pensar nessa ideia de algo que pode ser marcado não obrigatoriamente por uma religião, mas por uma religiosidade. Você já dialogou sobre isso com outras pessoas, mas, por exemplo, me lembro de Manoel de Barros, o poeta mato-grossense. Ele morreu com quase 100 anos. Já bem idoso, todas as vezes que alguém lhe perguntava como se sentia com a idade que estava, ele então respondia que não estava indo em direção ao fim, mas, sim, em direção às origens. Essa é a concepção de que tudo flui e retorna a um mesmo princípio, que é exatamente a noção, não do eterno retorno de Nietzsche ou Zaratustra, mas a percepção de que você tem um movimento, que um dia pode ser explicado pela física, mas que os hinduístas capturaram antes do Ocidente, de que tudo funciona à base de sístole e diástole. O coração humano é diastólico e sistólico; nossa respiração é diastólica e sistólica; nosso sexo é diastólico e sistólico; e parece que o universo também, de acordo com algumas coisas que vocês colocam, tem um processo de expansão e depois de encolhimento.

Algumas pessoas enxergam nisso uma regra metafísica, algo sobrenatural. Outros enxergam uma mera condição. Essa conformidade encontra um obstáculo naquilo que, às vezes, é a filosofia e, às vezes, as religiões. A recusa ao "assim é". Trata-se de algo de que a ciência gosta muito e que está em moda hoje, também no Brasil, a valorização da evidência, uma recusa à passividade do "assim é".

MG: Pois é, existe uma diferença essencial entre a simples descrição de padrões que observamos no mundo — a sístole e a diástole na respiração e na batida cardíaca, a dualidade do nascer e do pôr do sol, das fases da lua etc. — e uma efetiva explicação científica das causas do ritmo cósmico. Por que é assim?

Anos atrás, trabalhei com a sístole e a diástole cósmicas. Produzi, com dois colegas, um artigo em que descrevíamos um multiverso no tempo. O que é isso? Hoje se fala muito de um multiverso no espaço, uma coleção de universos que coexistem, um universo aqui, outro universo ali, cada qual com suas propriedades e leis. O nosso universo é apenas um deles. Mas essa ideia da sístole e da diástole pode se transformar num multiverso no tempo, em que o universo tem esse movimento de expansão e contração, essa dança de Shiva, como no mito de criação hindu. E a cada vez que o ciclo é renovado, que um período de expansão recomeça, as leis da natureza podem mudar. A partir disso, você tem universos diferentes a cada vez que uma nova "encarnação" do universo se manifesta.

Em particular, de acordo com esse modelo, nós vivemos num ciclo em que as constantes da natureza — a velocidade da luz, a constante da gravidade, as massas das partículas fundamentais, como o elétron — têm valores que permitem, física, química e biologicamente, a geração de estrelas, planetas, sapos, nuvens, do Mario Sergio Cortella etc. O modelo é interessante pois conta que o universo bate como um coração, mesmo que não seja uma resposta ao problema da criação, como vínhamos falando. Nem poderia, pois, usando a física, não sabemos como explicar por que nosso universo tem as leis que tem. Mesmo assim, construir modelos é essencial, porque são extrapolações do que conhecemos a territórios desconhecidos, o que nos permite aumentar nossa percepção do mundo. Extrapolar é preciso. Infelizmente, para que esse modelo da sístole e diástole cósmica funcione, no início mais remoto do tempo, as leis da física que conhecemos têm que ser violadas. É quase como se estivéssemos usando um mecanismo meio que sobrenatural para poder justificar um modelo de universo que talvez seja, digamos, menos trágico, melhor do que um universo que termina em chamas ou coberto de gelo, ambos sem um futuro temporal.

MSC: Sim. Quando você diz "violar as leis da física", essa não é uma unanimidade dentro da filosofia. Não as *leis* da física, mas a *ideia* de lei, embora o conceito tenha vindo de um filósofo, Francis Bacon, que foi o primeiro a propor um ordenamento dos passos do método científico: observação, hipótese, experimentação, teoria e lei. Nesse processo, a noção de lei tem um pressuposto de que haja por parte da matéria, da natureza, da *physis*, leis que existem e que a ciência, no caso a física — a palavra que vou usar agora é proposital —, *descobre*, isto é, a verdade é uma descoberta.

Portanto, não dá para ir contra as leis da física, porque são as leis da natureza, e não há como desmontar aquilo que a natureza propõe independentemente de nós. Mas nem todas as áreas da filosofia, entre elas aquela com que fico "de braço dado", trabalham com a verdade como descoberta. Uma parte de nós atua, e é o meu caso, com a noção de verdade como construção histórica, social e cultural. Por exemplo, considera-se que a própria noção de verdade como descoberta é uma construção. Nesse sentido, vemos a ideia de que você, ao apurar e afinar a capacidade de investigação racional, vai *desvendar* aquilo que está *vendado* e que, portanto, a ciência é um processo de *iluminação* daquilo que é *obscuro*, do que a natureza nos oferece. Para usar Francis Bacon de novo, ela se oferta a nós. E nós tiramos a cobertura, a desvelamos.

MG: Com certeza, essa é uma visão que mistura ciência com uma espécie de heroísmo machista, de conquistar os segredos da natureza. Obviamente, não conquistamos nada, apenas construímos descrições limitadas do pouco que podemos observar do mundo. Isso não desmerece a ciência de forma alguma, mas a define pelo que é e pode fazer. Mesmo em ciência, o conceito de verdade tem que ser pensado com muito cuidado.

MSC: Ótimo. Essa é uma construção histórica da ciência que tem origem no pensamento de Platão, e Agostinho volta à tona aqui. Mil anos antes de Agostinho, Platão levantou essa questão sobre a ideia de descoberta. Eu escrevi sobre isso na área de educação. Muitas vezes, o aluno faz uma menção na aula assim: "Porque a descoberta do Brasil..." Pois é, a ideia de *descoberta* é uma coisa muito curiosa, não? Porque a noção de descoberta pressupõe, nesse caso, que aqui existiu um lugar desconhecido (*velado*), e que os europeus chegaram e *tiraram o véu*. Mas o Brasil não foi descoberto pelos europeus; ele foi fundado. Aqui já existia um lugar com nomes, pessoas e culturas. *Brasil* é uma fundação, uma empresa mercantil fundada em 22 de abril de 1500. A noção clássica grega de verdade é aquilo que é desvelado, que não tem algo que cobre mais. E, portanto, aquilo que é imortal. E é aqui, como dizem alguns, que tudo se complica, porque se identifica a ideia de verdade como lei eterna, válida sempre em todos os lugares e de qualquer modo. O modelo cosmológico cíclico que você trabalhou é interessante, porque outro ciclo pode alterar tudo isso. No entanto, a ciência precisa dessa firmeza; ficaria difícil fazer ciência com uma volatilidade das suas leis.

MG: Algo é verdade até ser provado o contrário. Essa é a ideia de Karl Popper, da falseabilidade das leis da natureza, a ideia de que, sim, as coisas são verdadeiras até que alguém construa um contraexemplo mostrando que essa verdade é limitada no seu alcance. Quando olhamos para a história da ciência, a história de como a ciência evoluiu no tempo, aprendemos que visões de mundo que eram profundamente verdadeiras para pessoas de épocas diferentes foram demonstradas como sendo falsas. Por exemplo, voltando ao "descobrimento" do Brasil — aliás, a palavra já nos conta que se trata de "des-cobrir" algo —, se você perguntasse a Pedro Álvares Cabral em que universo ele vivia, Cabral responderia, como as pessoas educadas da época: "Vivo num universo em que a Terra, imóvel, é o centro de tudo, e tudo gira em torno dela, a lua, o sol, os planetas e as estrelas. Somos criados à imagem de Deus e, no limite do cosmos visível, existe a esfera das estrelas fixas e, além da esfera das estrelas fixas, você tem o *Primum Mobile*, que seria a esfera que dá movimento a todas as outras esferas." "Além desta", continuaria Cabral, "aparece o Empíreo,* a morada divina."

Esse era o cosmo aristotélico que Dante Alighieri descreve em seu famoso poema *A divina comédia* e que, para essa "moçada" do século XVI, era a realidade, a verdade absoluta. Com o passar dos anos, com a amplificação através dos microscópios e dos telescópios, essa visão vai sendo gradualmente transformada em novas "verdades".

Por isso gosto da imagem em meu livro *A ilha do conhecimento*, que descreve esse paradoxo do conhecimento. Se o que sabemos do mundo cabe numa ilha, a ilha do conhecimento, vemos que, ao aprendermos mais, a ilha vai crescendo. Essa ilha, como toda boa ilha, está cercada por um oceano — no caso, o oceano do desconhecido, o que não sabemos do mundo. Se há uma ilha, existe o seu perímetro, a sua borda, a divisão entre o conhecido e o desconhecido. Pois bem, à medida que o conhecimento aumenta, cresce a fronteira entre o conhecido e o desconhecido, ou seja, aumenta o que não sabemos. Isso significa que o conhecimento leva ao não conhecimento, a novas perguntas que, antes, não éramos capazes de fazer. Por exemplo, pense na natureza dos céus antes e depois do telescópio, ou na natureza da vida antes e depois do microscópio. Completamente diferentes.

---

* Empíreo vem do latim medieval *empyreus*, que vem do latim clássico *empyrus*, uma adaptação do grego antigo *émpyros*, "no fogo". Em suma, é o lugar no mais alto dos paraísos que, em cosmologias antigas, se acreditava ser ocupado pelo elemento fogo. (N. do E.)

Novos instrumentos, novas visões, novas perguntas. Para mim essa é uma visão muito linda, porque remete à incompletude do saber e à incerteza das verdades.

MSC: Olha, que coisa boa, né? Claro que Cabral embarcou na sua viagem supondo que a Terra não era plana, embora, quinhentos anos depois, você tenha a ressurreição dessa circunstância num dos maiores riscos dentro da compreensão epistemológica do nosso tempo, que é confundir relatividade com o relativismo.

Por exemplo, se eu digo que alguém ressuscita a noção de que a Terra seja plana, e que isso é admissível porque é uma "opinião" e que as pessoas têm o direito a uma opinião, nem por isso a ciência, o conhecimento que procura a exatidão, poderá se fundar em convicções já ultrapassadas. O fato de, no passado, pessoas terem pensado que o planeta tinha uma organização plana do seu terreno não significa que eu, ao declarar minha convicção nessa condição, mude a forma do planeta.

A forma do planeta não é uma questão de opinião, mas sim de observação. Uma vez, perguntaram a Lenin, muito mais ligado ao campo da política, um filósofo que não era da área de ciência, se ele achava que existia uma verdade absoluta. Como seus fundamentos vinham da dialética materialista de Karl Marx, é de se esperar que ele diria que não há possibilidade de uma verdade absoluta existir. Surpreendentemente, Lenin respondeu que sim, que existe a verdade absoluta e que ela será a soma de todas as verdades relativas no fim da história. Ao chegarmos ao "fim", termina o processo temporal e, portanto, termina a modificação, o movimento, a alteração, aquilo que os gregos chamavam de *evolução*. Quando a mudança deixa de existir indefinidamente se chega ao ponto máximo. E aí, sim, posso dizer que é o absoluto, o seu $t = 0$.

MG: Ou o "não *t*", o "não tempo", a ausência de tempo. Afinal, o *t* = 0 deve marcar o início do tempo, e Lenin se referia ao fim do tempo. Os dois só se encontram num tempo cíclico, onde o começo e o fim são o mesmo ponto. Mas imagino que Lenin se referisse ao tempo linear, com um começo e um fim. "Após o fim" é meio absurdo, por isso sugiro o "não tempo".

MSC: Essa ideia de "não tempo" coloca-se de maneira direta nas religiões. Por exemplo, as religiões monoteístas — o judaísmo, o cristianismo e o islamismo — trabalham com a noção de Juízo Final. O Juízo Final pressupõe que você está submetido ao juízo de modo contínuo e que haverá um juízo que o definirá para sempre — definirá, inclusive, qual é a sua direção daí para a frente, inferno ou paraíso.

MG: Sim, mas com variações importantes de religião para religião. No judaísmo não existe o conceito de inferno, apesar de haver a ideia de fim dos tempos, como no Livro de Daniel, que na Bíblia faz uma narrativa do apocalipse. Mas essa ideia é bem antiga, talvez antecedendo as três religiões monoteístas que mencionamos. Os egípcios falavam da balança da verdade após a morte, e o Juízo Final aparece no zoroastrianismo.* Seu profeta, Zaratustra, fala da ponte que tinham de atravessar. O judaísmo pegou a ideia do fim dos tempos em outras culturas.

MSC: Sim, o judaísmo vai absorver essa noção e retransmiti-la para o cristianismo e o islamismo. O mais interessante é o Juízo Final

---

* Ou zoroastrismo, que pregava a interpretação dualista do mundo, dividido entre as forças do bem e do mal. Zaratustra ou Zoroastro (660-583 a. C.) foi um profeta persa, fundador do zoroastrismo ou masdeísmo, religião praticada pelos primitivos persas. (*N. do E.*)

pressupor que, quando você se for, haverá tal juízo, que decidirá, no caso de algumas religiões como essas, qual será a sua trajetória futura no tempo eterno: a danação ou a salvação. As duas, porém, levantam questões incompreensíveis quando pensadas filosófica ou cientificamente. Uma dessas perguntas é "quando será o Juízo Final" e a outra, "onde é o paraíso". Essas duas questões, "onde" e "quando", não se aplicam a coisas imateriais.

MG: De fato, fica difícil situar questões que vão além da nossa percepção de tempo e espaço, visto que somos seres que vivemos dentro do espaço e do tempo, literalmente. As religiões exploram exatamente isso, indo além dos limites do nosso confinamento. E sugerem coisas, a eternidade ou o paraíso, como imagens mais para a contemplação, para seduzir com esperança, do que um projeto concreto de destino.

MSC: Por isso a solução platônica é boa. Quando Platão diz que existe o mundo das ideias, das verdades e das perfeições, nele não existe nem onde nem quando, já que algo imaterial não precisa de espaço e também não tem duração. Essa solução, como capacidade humana, é brilhante. E Platão certamente foi influenciado por Pitágoras, um místico racional, como você diz, que sediava a alma eterna no número três, que é mesmo fascinante. Por exemplo: quando vai a uma palestra ou a um debate e precisa de mais tempo, você diz: "Eu queria dizer três coisas!" Ao enunciar essa frase, não tem como dizer só uma ou duas coisas... o auditório ficará esperando uma terceira. Essa é uma técnica antiga em assembleia estudantil, que continua valendo no mundo acadêmico. "Eu vou dizer três coisas", e aí, claro, não poderão caçar sua palavra antes disso.

Mas veja o número três nas religiões: Abraão, Isaac e Jacó, no Antigo Testamento, e Jesus, Maria e José, no Novo Testamento; na trindade cristã, o Pai, o Filho e o Espírito Santo. A noção triádica, o três como perfeição ou completude, indica essa mesma lógica. E podemos brincar com isso. Por exemplo, eu nasci no dia 5 de março, que é 5/3. Minha mãe também, eu nasci no dia do aniversário dela. Cinco mais três dá oito. Minha irmã nasceu no dia 1º de julho, 1/7, que, somado, dá oito. Meu pai nasceu no dia 10 de agosto, 10/8, e meu irmão no dia 8 de outubro, 8/10. Posso encontrar *cosmos* — que no grego antigo significa "ordem" — em meio a algo que, a princípio, não tem qualquer explicação lógica. E faço isso só pela beleza das relações. Por isso digo que, mesmo se não encontrar tanto eco, a matemática é a mais humana das ciências, porque é mera poesia. Tudo que cria é invenção. Não existe uma derivada ou uma matriz no mundo, nem uma raiz quadrada sentada tomando um suco. Ninguém viu um numeral de máscara, durante a pandemia, por exemplo. É tudo mera invenção, é poesia pura. Vocês, físicos, no bom sentido dizem que a matemática é a linguagem da natureza.

MG: Na verdade, existem duas correntes de pensamento sobre a matemática e seu papel. Temos os *platônicos* e os *não platônicos*. Eu faço parte dos não platônicos.

MSC: Dos aristotélicos, não é?

MG: Isso, mas vamos examinar os dois lados. Os que defendem a posição platônica diriam que a única verdade absoluta é aquela construída a partir da matemática, uma verdade eterna, atemporal, e que só existe no mundo das ideias.
Por exemplo, Platão diria algo como: "O único círculo perfeito é o que existe na sua mente, a ideia de círculo." Qualquer representação concreta do círculo, um desenho num pedaço de papel, ou mesmo

uma impressão em alta definição, nenhuma dessas representações de um círculo será perfeita. Só a ideia do círculo, a forma do círculo que existe na sua cabeça, é perfeita.

Os platonistas diriam que as verdades absolutas existem como se numa outra dimensão matemática do universo, no domínio abstrato das formas. Segundo essa visão de mundo, o papel do matemático puro é meio que o de um profeta. Eles decifram essas verdades eternas e as traduzem para o resto da humanidade através de teoremas, axiomas, demonstrações, provas etc.

Como contraste, você tem a outra turma, que é o pessoal que diz que a matemática é uma invenção humana. É um mapa da realidade, uma maneira de modelar um território que nunca vamos conseguir categorizar de forma perfeita. A matemática vem de aproximações do que vemos no mundo, feitas com nosso olhar humano das coisas. O sol não é uma esfera, nem um pinheiro é um cone, como dizia Benoit Mandelbrot, o inventor dos fractais.* Não existem triângulos, círculos e quadrados perfeitos na natureza. Todos esses objetos geométricos são aproximações de formas que vemos no mundo. A beleza, a poesia do pensamento matemático é justamente poder criar essa representação simbólica da realidade, essa tradução de padrões em coisas. Observamos esses padrões no mundo e os transformamos em coisas materiais, matematicamente manipuláveis. A poesia está no uso de abstrações matemáticas como traduções do real.

MSC: Concordo. A ideia de criação, no meu entender, tem a ver com o tempo. A percepção de criar exige que você esteja desocupado daquilo que é sua subsistência imediata. Portanto, entra aí algo que é

---

* Fractais são objetos compostos de padrões em que cada face é semelhante à totalidade do objeto. Flocos de neve, por exemplo, são fractais. (*N. do E.*)

marcante na filosofia antiga, a ideia de ócio. A criação resulta do ócio. Quando não há ócio, você é obrigado o tempo todo a estar ocupado, e a ocupação tira sua possibilidade de refinamento. Quem menos sabe da água é o peixe, não é? Se você está mergulhado dentro de uma circunstância, não há como observá-la e admirá-la numa dimensão que seja diferenciada. Por isso é preciso haver ócio, que, como você sabe, os gregos chamavam de *scholé*, de onde vem a palavra "escola".

MG: Imagine só a escola promovendo o ócio. uma contradição com os modelos pedagógicos atuais, em que o aprendizado escolar é uma atividade incessante. O ócio é visto de forma negativa na escola, coisa de aluno preguiçoso. Isso porque não é compreendido de forma correta; parafraseando Domenico De Masi, é preciso ter tempo livre para contemplar e só então criar.

MSC: Você precisa ter uma desocupação do mundo material, não pode estar cuidando da sua existência e sobrevivência imediata para que lhe sobre — agora a palavra que tem a ver com a nossa conversa — *tempo*. Isto é, não há o desgaste da ocupação constante. Você necessita de mais do que um tempo que passa só para ficar vivo; precisa do tempo como usufruto, uma forma de fruição em que você dá a ele uma lapidação de outra natureza. Goethe dizia que macacos não criam porque eles não têm ócio. Claro que Goethe está falando no século XIX, mas ainda assim a ideia tem fundamento. O ócio é exatamente uma das marcas da criatividade em potencial. A televisão só chegou em Londrina, cidade onde vivi até os 13 anos, quando completei 10 anos. E aí, às vezes, num dia meio frio e chuvoso, eu ficava dentro de casa — e você imagina criança dentro de casa — e reclamava com minha mãe: "Não tem nada pra fazer." E ela respondia: "Inventa! Inventa!" Ora, parte do ímpeto da criação resulta, sem dúvida, da necessidade. Mesmo assim, o que permite que ela venha à tona é o tempo livre, ao juntar liberdade com tempo. Preso não tem ócio. Desempregado não tem ócio. O ócio é quando você pode usar o tempo para aquilo que deseja, sem nenhum dever. Aí sim a criatividade vem à tona.

MG: É verdade. Existem certas teorias sobre por que a filosofia ocidental se originou na Grécia, em torno de 650 a.C. E uma das teorias é que, devido ao sucesso do mercantilismo ocorrendo no Mediterrâneo, a classe mais afluente pôde se dar ao luxo de pensar, refletir sobre questões mais abstratas, filosóficas, porque não tinha que estar sempre arando o campo e cuidando da plantação ou das cabras para poder comer, ou trabalhando de alguma forma, o tempo sempre tomado por alguma tarefa de caráter mais físico.

MSC: Você se lembrou de algo magnífico. A filosofia nasceu no mundo grego clássico, há 2.600 anos, no meu entender movida por dois movimentos. Primeiro, o aumento do ócio, que adveio do trabalho escravizado e, portanto, da propriedade de quem vai ser forçado a doar o tempo que possui para desocupar seu tempo. Portanto, o dono do escravo vai fazer uso desse tempo, digamos, "livre". E por que existe esse tempo sobrando há 2.600 anos? Porque existe uma sociedade em que a quase totalidade do trabalho braçal cotidiano bruto de subsistência é feito por escravizados. Segundo, a urbanização, a agregação urbana, decisiva para a filosofia como constituição teórica e para a ciência. As pessoas podem se juntar e ter um lugar de encontro, a ágora, um espaço público onde se pode trocar ideias, concepções, opiniões, argumentos. Aí brotam o debate e a conversa, que são a base da filosofia. O ócio dessa classe, que usufrui da escravidão, reunida na cidade, permitiu isso. Claro que vivemos outro momento da história, no qual a escravatura é algo abjeto e impensável, mas mesmo hoje, para a criatividade, é preciso ter tempo sobrando. Aquilo que José Arthur Giannotti, falando de nós, acadêmicos, chamou de "vagabundagem bem-comportada", isto é, quando uma parte da sociedade nos remunera com recursos, investimentos, bolsas e nós ficamos na vagabundagem bem-comportada, usufruindo criativamente do ócio. Enquanto alguém está plantando, fazendo pão, transportando, gerando energia, nós dois podemos ficar aqui durante dois dias trocando "filosofices", o que é uma coisa deliciosa.

MG: É um grande luxo, um privilégio poder fazer isso. Mas, obviamente, também estamos trabalhando, gerando um produto para todos usufruírem. E, claro, trabalhamos muito, durante anos, para acumular o conhecimento que agora podemos dividir com as pessoas. Diria que são trabalhos de natureza diferente, mas são trabalhos, atividades que geram um produto que tem um valor no mercado.

MSC: A nossa intenção é que esse privilégio não seja só nosso. O livro, a gravação, o documentário, aquilo que você fez em TV, aquilo que eu já fiz, o nosso privilégio, tudo isso permite que trabalhemos em favor de uma revolução do conhecimento, transmitindo o saber que acumulamos. A essa revolução Oswald de Andrade se referia ao dizer: "Um dia o povo vai ter acesso ao biscoito fino que eu fabrico."

MG: A ideia de trazer esse tipo de conhecimento para um grupo de pessoas cada vez maior, não diria que é uma coisa revolucionária, mas é definitivamente necessária, em especial em nosso momento histórico, no qual a informação com credibilidade é abafada em meio aos absurdos encontrados na internet.

Eu queria aproveitar e levantar outro tema para a nossa conversa, que está ligado à noção do tempo que discutimos até aqui: a questão do determinismo.

A ideia que tomou corpo no século XVIII, com o Iluminismo, veio do sucesso da ciência, principalmente da física mecanicista de Isaac Newton, que, por sua vez, havia surgido no século anterior, instituindo as três leis do movimento e a lei da gravitação universal. A partir daí, o universo — o movimento dos planetas em torno do sol, as interações entre os corpos por meio de forças, o conceito de causa e efeito — foi interpretado como uma espécie de relógio, um universo mecânico em que leis matemáticas determinam todos os movimentos que existem. Com isso, em princípio, ao menos, seria possível prever todos os movimentos futuros e recriar os movimentos passados, como quando avançamos ou retardamos os ponteiros de um relógio. O futuro passa, então, a ser acessível; o tempo é parte dessa engrenagem que determina o que vem a ocorrer. Nesse universo newtoniano, feito de partículas de matéria operando sob a ação de forças, a ciência se torna uma espécie de oráculo, capaz de prever o futuro. Tudo, dentro dessa visão determinística, está predeterminado; até, por exemplo, que num determinado dia de 2022, o Marcelo e o Mario Sergio iriam conversar sobre a natureza do tempo e da liberdade. Essa visão determinística do universo-máquina causa certa ansiedade, já que rouba de nós a capacidade de escolha, de improvisação, de livre-arbítrio. Felizmente, ela foi destruída pela ciência moderna, a física de sistemas complexos, a física quântica.

Mas queria ouvir de você um pouco sobre a questão filosófica dessa história e por que ela gerou o chamado movimento romântico.

MSC: Se eu supuser que desde sempre, neste exato dia, nós dois iríamos nos sentar para essa reflexão, isto é, que este encontro estava escrito nas estrelas e aconteceria independentemente da nossa intenção, que mesmo se não quiséssemos ele iria acontecer, essa é uma teleologia, uma hipótese com fim predeterminado, que cumpre uma finalidade, antevendo uma realidade que está fora do nosso alcance. Porque nós humanos não podemos ter essa informação toda para determinar o futuro.

MG: Exatamente. Para determinar o futuro usando as leis da mecânica, uma mente idealizada teria que saber as posições e velocidades de *todas* as partículas que existem no universo no mesmo instante de tempo. E isso é impossível, pois viola os limites da velocidade da luz. Para sabermos as posições precisamos medir, e essa informação viaja no máximo na velocidade da luz. Apenas uma mente sobrenatural poderia fazer isso, o que o francês Pierre Laplace chamou de uma "supermente". Para mim, essa supermente de Laplace era outro nome para Deus, aqui dado por um ateísta ferrenho. Que ironia boa.

MSC: Contudo, você disse "nós resolvemos que teríamos esta conversa". Ou seja, que *nós resolvemos*. Sim, fizemos uma coisa muito humana, que não depende do ciclo da natureza: agendamos este encontro. Nós pegamos o tempo organizado, que supomos possuir, e o colocamos, ou de modo eletrônico, ou de modo físico, na nossa agenda, que distribui nossas atividades. Este é um ato deliberado, um encontro deliberado. Aí alguém diz: "Bom, não é um encontro deliberado porque isso teria que acontecer algum dia." Eu posso dizer: "Não necessariamente, porque, todas as vezes que conversamos sobre este momento possível, eu poderia ter dito não e você também." Aí diria um determinista: "Mas você não disse não. Você foi levado a dizer sim." Não é tão simples, um sim ou um não baseado numa maquinaria cósmica. Fui levado a dizer sim por uma série de circunstâncias a minha volta: a minha admiração pelo teu trabalho, Marcelo, o fato de que gosto muito de conversar — ainda mais conversar sobre esses temas que permitem que meu ócio seja mais produtivo.

MG: Eu costumo dizer que quem não acredita em livre-arbítrio tem uma visão muito simplificada do ato de escolher. Escolhas que determinam o percurso da nossa vida — qual será minha profissão, se moro no Brasil, se caso com essa pessoa, se tenho filhos, se aceito esse trabalho — são extremamente complexas e envolvem vários passos. E dependem muito das circunstâncias que nos cercam, da história das nossas vidas até então. Isso sem falar da ideia de arriscar, de dar uma virada total na nossa trajetória.

MSC: São condicionantes e referências. O condicionante é: teria que ser agora, desse modo, nessa circunstância, no tempo que nós dois escolhemos ter, três horas hoje e mais amanhã, porque esse é o tempo de que dispomos. Poderíamos ter escolhido mais tempo, mas não escolhemos porque temos outras coisas para fazer. Isso são condicionantes. Outra coisa são as nossas referências, o que sabemos, nosso preparo, nossa circunstância social.

Por isso, prefiro voltar à questão do romantismo que você levantou, do mundo depois da Renascença. Esse é o determinismo relativo. Assim como tenho uma autonomia relativa, também tenho determinismo relativo. Há dois mitos aí: primeiro, "tudo é possível"; segundo, "nada é possível". Se analisarmos essas duas referências, vemos que "tudo é possível" é algo mítico, se usarmos "mitos" no sentido de invenção; e "nada é possível" também. Ora, não consigo desvincular a noção de algo que a filosofia ocidental "puxa" da física, que é a mecânica. "Ocidental" porque nós herdamos do mundo asiático oriental, especialmente dos chineses, o papel, a pólvora e a bússola, mas não herdamos a física. Se tivéssemos herdado a física dos chineses, nossa ciência seria muito mais ligada ao magnetismo (lembra da bússola?) do que à noção de mecanismos intrincados. Portanto, quando pensamos na filosofia da Renascença, especialmente do final da Renascença, por exemplo, Francis Bacon ou Descartes, vemos que ambos defendem a ideia de que há uma ordem, um cosmos, que vai se integrando em mecanismos que fazem com que tudo aja como uma máquina, como você disse. Não há como escapar da máquina.

Talvez a maneira mais bruta de mostrar isso no mundo contemporâneo seja Charlie Chaplin no filme *Tempos modernos*, quando vemos o trabalhador Carlitos cair numa engrenagem e sair vivinho do lado de lá, o que é horroroso! É horroroso porque é a nossa submissão, a falência da nossa possibilidade de liberdade. Um ser humano não pode escapar de uma máquina. Quando cai numa máquina, você não faz parte dela. Você é esmagado! E o fato de ele sair ileso do outro lado é sinal de que já era parte da máquina.

MG: Esta é a grande tragédia da industrialização dos meios de produção: a submissão do homem à máquina que Chaplin critica no filme e que você menciona muito bem. E agora, no nosso tempo, o que antes era mecanização virou digitalização. Mas a submissão é ainda maior, porque antes eram os que trabalhavam direto na indústria que se "mecanizavam". Agora, todo mundo tem um celular e se submete a essa relação direta entre o seu eu humano e a sua persona digital, o seu "avatar". Somos totalmente integrados a essa nova máquina digital, que ameaça nos desumanizar.

MSC: Isso tem a ver com um pensamento que aparece na Renascença e, depois, no romantismo, algo que se origina no pensamento do nosso querido Aristóteles, que dizia que tudo está no seu lugar. Aliás, cantaria o Benito di Paula: "Tudo está no seu lugar / Graças a Deus." Essa teoria dos lugares que aparece na obra de Aristóteles, segundo a qual existe uma ordem natural das coisas — terra, água, ar e fogo — nessa ordem de baixo para cima — e que as coisas retornam ao seu lugar (a pedra que cai, o fogo que sobe) — tenta explicar os movimentos naturais das coisas com certa rigidez. Cada coisa tem o seu lugar e pronto. Para mudar isso, só com violência, tipo atirando uma pedra para cima.

Veja a relação dessa rigidez dos lugares das coisas com o absolutismo monárquico, que era, no século XVIII, considerado direito divino. Nada muda na sociedade, que funciona como uma engrenagem também. Cada um ocupa o seu lugar e dele não escapa porque você faz parte dessa outra engrenagem. E aí, sim, o romantismo vem para destruir isso. Imagine dentro da música romântica especialmente Beethoven; depois, um pouco Tchaikovsky. A obra de Beethoven é absolutamente marcada por uma noção triunfal da vitória humana, da capacidade de fazer com que Prometeu seja vingado e finalmente afaste Hermes e Atena, e o fogo da sabedoria e do conhecimento venham à tona de modo mais definitivo. Quando Karl Max diz que o mesmo espírito que gera as estradas de ferro gera os pensamentos, ele está colocando algo que a circunstância histórica, cultural, social conduz, como uma locomotiva, levando a uma determinada forma de percepção da vida e das coisas. O romantismo é uma forma teleológica de concepção na música, na literatura, na pintura, um resgate do humano, liberando-o dessa máquina determinística do pensamento e do poder político.

MG: Boa, porque o determinismo influenciou profundamente as estruturas de poder na Europa e nas Américas. Você vê que o sucesso dessa filosofia mecanicista, tão importante para Descartes, para Newton e tantos outros, é uma forma de cegueira; porque, a partir do momento em que essa visão de mundo mecanicista explicou corretamente como os planetas giram em torno do sol, como a lua gira em torno da Terra, as marés e tantas outras coisas, a razão humana ganhou esse poder enorme, que parece indicar que o que vejo do universo é a verdade, que a ciência é um processo que encontra a verdade. Daí os pensadores do século XVIII extrapolarem. Se o que ocorre com a gravidade, com os planetas, é verdade, então tudo que é feito de pedacinhos de matéria vai também obedecer a essas mesmas leis — portanto, o universo como um todo funciona como uma máquina da qual faço parte. Consequentemente, não tenho livre-arbítrio. Não tenho a liberdade de poder escolher nada porque já está tudo, como você mencionou antes, "escrito nas estrelas". E esta é uma forma muito deprimente de pensar sobre a vida: que as pessoas não têm, na verdade, nenhuma escolha, que a liberdade de escolher que achamos ter é uma grande ilusão.

Existe um debate hoje nas ciências neurocognitivas sobre isso. Foram feitos certos experimentos em que uma pessoa num laboratório tem de fazer uma escolha dependendo do que vê na tela. Essa pessoa está ligada a vários neurossensores que medem a atividade neuronal. Aparentemente, os resultados indicam que a escolha é feita antes de a pessoa ter consciência dessa escolha, como se ocorresse por algum controle mais profundo no cérebro sobre o qual não temos controle. O argumento desses experimentos é que existem mecanismos interiores no cérebro, desconhecidos, que escolhem antes de "sabermos" que estamos de fato escolhendo. Esse é o experimento do norte-americano Benjamin Libet.[2] Esses neurocientistas — e discordo profundamente deles pelo que vou dizer daqui a pouco — concluem que não existe realmente livre-arbítrio, que existem, sim, digamos, mecanismos secretos, subconscientes, de escolha que estão além do nosso poder.

O meu contra-argumento com relação a isso é essencialmente o seguinte: uma coisa é você apertar um botãozinho no laboratório porque vê uma imagem na tela; outra coisa é decidir se vai conti-

---

[2] LIBET, Benjamin et al. Time of conscious intention to act in relation to onset of cerebral activity (readiness-potential). In: *Neurophysiology of consciousness*. Birkhäuser, Boston, MA, 1993. p. 249-268.

nuar sendo o carmelita descalço, se vai fazer doutorado sobre teoria da educação, se vai escrever um livro com o Mario Sergio Cortella. Essas são escolhas muito mais complexas, que dependem de fatores que você tem que considerar durante muito tempo. Achar que tudo isso está ligado a uma grande maquinaria cósmica é profundamente inocente — e meio arrogante.

MSC: É confortável.

MG: Mas ainda assim errado.

MSC: Mas o conforto, em muitos momentos, é dolorido internamente. De maneira geral, quando você está sentado num sofá e quer sair do lugar, tem que sair do conforto, e há várias agonias que se vive antes de se levantar. Há várias angústias que você tem que viver, se vou ou não vou, se fico sentado mais um pouco. Parece que a lei da gravidade tem uma ação mais evidente naquele momento, e você é induzido a ficar grudado no sofá. Uma das coisas mais fortes dentro de algumas perspectivas religiosas, por exemplo, é que de um lado se deseja que você seja protagonista da sua salvação, para usar um termo técnico, mas, por outro lado, você tem que se render. A Providência e a vontade divina é que vão dar conta por você. Essa tensão ocorre o tempo todo. As pessoas têm os seus "pré-juízos", seus "pré-conceitos" como determinantes. Onde eles começam? Voltando a Aristóteles, isso exigirá um recuo e você terá de se perguntar: nascemos já com essa condição, com essas ideias? Isto é, se já se nascia com determinada genética, aquilo que induz as minhas escolhas como componente cerebral, minha estrutura neuroquímica, é algo que veio comigo? Se veio, é uma herança? Essa herança recua até onde? À mônada primordial? Isso é algo bom de se pensar porque a ciência avança na incerteza, na dúvida. A certeza é reiterativa. Uma das coisas boas de Descartes — e meu primeiro livro foi sobre Descartes de propósito, um livro que, aliás, nem existe mais impresso, só em e-book — é a ideia sobre a dúvida metódica.

MG: O seu livro do Descartes agora não tem extensão material.

MSC: Isso.

MG: Muito irônico em se tratando de Descartes, que fez essa separação crítica entre a Matéria como o que tem extensão espacial e a Mente como o que não tem. O seu livro, agora, flutua num espaço etéreo, sem extensão espacial.
Não tem extensão, a *Res extensa*...

MSC: Exatamente. A noção cartesiana de que a dúvida metódica é aquilo que favorece a nossa capacidade de elaborar certezas. Nesse movimento de percepções e confrontos que você levanta, o determinismo ajuda muito a refinar a ideia de liberdade, de livre-arbítrio, porque é um contraponto que nos obriga a pensar. Se não tivéssemos dúvida sobre o determinismo, nem dúvida sobre a ideia de liberdade e também de livre-arbítrio, ficaríamos submetidos a uma inconsciência. Sempre gosto de imaginar que esses experimentos se assemelham, um pouco, àquilo que a literatura fez. Vamos pegar um matemático, como um professor de matemática famoso, Charles Dodgson, conhecido como Lewis Carroll, de *Alice no País das Maravilhas*. Ele produziu um livro de filosofia que fala de uma realidade em que nada faz sentido. Em uma cena em que a Alice está ao lado da rainha, presenciando uma decapitação, ela diz:
— Mas o que que está acontecendo?

E respondem:

— Ele vai ser executado.

E Alice pergunta:

— Mas o que ele fez?

— A gente não sabe. Hoje é a execução, amanhã vai ser o julgamento e depois de amanhã é o crime.

Olha que coisa! Aí a Alice diz:

— Mas isso não faz sentido!

E a rainha dá a célebre resposta:

— Bom, aqui você tem que correr muito para ficar no mesmo lugar. Se quiser mudar de lugar, você tem que correr o dobro.

Ora, a resposta não vem aí, vem num outro livro, *Alice através do espelho*. Alice, ao encontrar com Humpty Dumpty numa situação assemelhada, diz:

— Mas isso não faz sentido!

E ele responde algo que a ciência, às vezes, demora para entender:

— Não importa o sentido que as palavras têm, o que importa é quem é o senhor — isto é, quem manda.

Nessa hora, é nessa direção que caminha a percepção de construção do conhecimento. Seria tão bom, Marcelo, se o determinismo fosse hegemônico, tão bom não ter que escolher. Mas é tão ruim também não ter de fazê-lo.

MG: Com certeza. Vejo os dois lados. Mas existe uma dimensão ética importante aqui. Esse tipo de determinismo radical exonera as pessoas da responsabilidade pelas suas escolhas. Se tudo já está predeterminado, quando você faz uma escolha, realmente não está fazendo uma escolha, mesmo que ache que está. Você é, efetivamente, um autômato. Não é coincidência que as pessoas dos séculos XVIII e XIX tinham certa obsessão com autômatos. Nas cortes, havia demonstrações de robôs movidos a engrenagens de relógio que encantavam as pessoas. "Será que somos assim?", pensavam. Porque se somos robôs do destino não precisamos mais escolher. E isso, sob o ponto de vista de justiça, é seríssimo. Como criminalizar alguém num processo judicial dentro de uma visão de mundo determinista, em que não existe o livre-arbítrio? Porque o réu vai falar: "Mas eu não tenho culpa de nada, faço parte da máquina, sou parte da engrenagem da máquina." Portanto, o fato de nós irmos contra essa visão determinista é importante porque induz as pessoas a tomar responsabilidade pelas próprias ações. Força-as a entender que liberdade tem um custo.

MSC: É, o direito coloca isso. Quando você lembrava alguém que comete um crime e diz "eu não tinha como não fazê-lo", chamo isso de "princípio Chaves" — o Chaves mesmo da televisão, o personagem mexicano que está fazendo 50 anos agora e que todas as gerações assistiram em larga escala. Todas as vezes que fazia algo que não devia, ele dizia: "Foi sem querer querendo." Olha só como é importante imaginar que o direito coloca um atenuante dentro da responsabilização chamado "movido por estado de necessidade". Até o furto; quando é para que você se alimente, é considerado "furto famélico", que não é crime. É um atenuante. Pode até ser uma contravenção, mas tem uma responsabilização menor por ser movido por estado de necessidade: tenho razões que independem de mim.

A legislação em alguns países, inclusive no Brasil, estabelece como atenuante executar ou atirar em alguém usando uma pistola automática ou uma pistola não automática. A suposição é de que se tenho uma arma com seis cartuchos, com seis projéteis, e tenho que puxar o gatilho, entre um disparo e outro a minha consciência de que estou fazendo algo, isto é, meu livre-arbítrio, vem à tona. Ao puxar o gatilho de uma pistola automática, a arma dispara os projéteis sem que eu tenha controle depois que o primeiro foi disparado. Usar uma arma automática parece ser mais saudável, em termos de ação de não responsabilização. Qual é a lógica disso? Se tenho tempo para pensar, a noção de livre-arbítrio vem à tona. Por que deu vários tiros na vítima? Porque quis! Rousseau, um dos iluministas, fez uma distinção entre o instinto e a consciência. Por isso, o determinismo transforma a consciência em instinto. Ao transformar consciência em instinto, em ato reflexo, em algo sobre o qual não tenho controle, isso retira, como você bem lembrou, a responsabilidade. É uma forma de "ética de isenção" e, portanto, de "pura limpeza".

MG: Pois é. E extremamente perigosa, a meu ver. Mas, felizmente, não procede de forma alguma, dado que esse tipo de determinismo, como vimos, não funciona.

PARTE II

Sobre a criatividade

MARCELO GLEISER: O que me leva a querer mudar de assunto, usando meu livre-arbítrio. Queria falar mais sobre criatividade, porque sei que você tem um interesse grande nisso. Em particular, você fala sobre a questão da obra, de legado, de busca por sentido, de criatividade na vida, questões que eu também penso e sobre as quais escrevo muito.

Para começar, queria examinar a questão mais difícil de todas, que acho não ter uma resposta única, mas várias tentativas de resposta, que é como definir criatividade.

MARIO SERGIO CORTELLA: É interessante porque, se usarmos a expressão grega mais clássica, vamos trabalhar com a noção de *poiesis*. Já os latinos vão trabalhar mais com a noção de *ars*, de arte, isto é, a criação é aquilo que ultrapassa o existente para além do óbvio. A *poiesis* é aquilo que você elabora, edifica e que ainda não tinha uma presença, uma existência. A ideia de *poiesis* ou de arte é a capacidade de ultrapassar o que é evidente. Talvez tenhamos que retomar um conceito que trabalhamos antes, a noção de dado — a ideia dos dados, aquilo que é oferecido, que já está pronto, que é entregue. Quase como, lembrando Aristóteles, a natureza se ofertasse e você tivesse que ir lá garimpá-la, escavá-la para capturar o que ela oferta, para fazer um inventário e organizá-lo usando leis que ela mesma, a natureza, impõe.

Outra coisa é a ideia de fato. Essa noção não é a mesma coisa que dado, mas aquilo que é elaborado, que é feito. Em espanhol, a noção de *hecho* tem uma percepção muito mais nítida do que isso significa. Estou levantando essa distinção porque a criatividade ocorre quando você, a partir dos dados, realiza fatos, isto é, tem *feitos*, como sinônimo de *obras*, inclusive. Quais são os seus feitos? Vamos contar os feitos de Marcelo Gleiser. A ideia daquilo que é o conjunto que você teceu. Voltamos, assim, à criatividade. Ela é o modo como você arranja os dados que não são de sua autoria. Eu entendo isso como criatividade, algo que resulta, em parte, de uma necessidade a que você pode se dedicar, um tempo de solução ou de uma voluntariedade por mera recreação.

Domenico De Masi, de quem já falávamos, menciona a noção de ócio criativo. Mas sempre acrescento a isso a ideia de ócio recreativo. Um dos lugares onde você mais aprendeu no Rio de Janeiro, quando estava na Educação Básica, foi no recreio. Aliás, tudo que você aprendeu no recreio, na escola, e eu também, ainda hoje permanece. Parte do que se aprendeu dentro de uma sala de aula desapareceu. Se eu perguntar a você agora, que estudou pelo menos quatorze anos de língua portuguesa, a diferença entre um adjunto adnominal e um complemento nominal, é provável que não saiba. Mas jogar, jogar palito, jogar truco, aprender a beijar, essas coisas do recreio continuam. Aqui cito Carlos Drummond de Andrade: mas "as coisas findas, muito mais que lindas, essas ficarão". É o que fica na nossa memória, aquilo que resultou de algo que não foi obrigatório, e pode vir à tona, como resultado da minha própria autoria, não de algo que vinha de fora para dentro. O que Paulo Freire recusava com o nome de "educação bancária", como se o aluno fosse um mero depositório. Freire, em sua primeira obra, chamou de *Educação como prática de liberdade* (e a última, *Pedagogia da autonomia* — última em vida, é óbvio, porque tem algumas obras póstumas). Ora, não tem como falar em criatividade se não pensarmos em liberdade, em livre-arbítrio.

SOBRE A CRIATIVIDADE

MG: Exatamente. Importantíssimo falar sobre essa conexão entre o ato criativo como ato de liberdade. Nem sempre se faz essa ligação direta entre ser criativo e exercer essa liberdade de poder criar. Afinal, as circunstâncias das vidas das pessoas ditam se elas têm ou não a liberdade de poder criar. Por exemplo, em regimes políticos altamente censurados, a criatividade é frequentemente vista como crime, em especial se se trata de uma voz que se opõe ao regime e seus valores.

MSC: Você é mais jovem do que eu, que já tenho 67 anos. Como dizia Leonardo da Vinci, ao ser perguntado quantos anos tinha: "Não sei, já tive 60."

O Uruguai tem um presídio chamado Libertad. E durante a ditadura militar-empresarial no Uruguai, que corresponde àquela da Argentina, do Brasil e de outros países nos anos 1970, uma das coisas que se faziam ali como tortura para o preso político, fora a brutalidade física, era submetê-lo a um suplício. Entregavam ao preso ou à presa política uma pequena caixa com terra dentro e algumas sementes. E aí, naquele tempo de reclusão, era possível ocupar-se com algo criativo. Plantar e ver crescer, acompanhando no dia a dia, e o tempo passava com vida, não como perda. Primeiro, a plantinha, o broto. E, quando estava ganhando o viço, para dar flor, era ordenado que você a destruísse. Que você fosse lá, arrancasse, pisasse, picasse. Isso tem um nível simbólico muito marcante; a obrigação de pegar algo que é obra sua — não criação como surgimento já que não foi você que criou a terra, a semente também não, mas sendo seu modo de intervir nos dados e transformá-los em algo seu — e aí ter de destruí-la. É algo que se assemelha um pouco à autodestruição. Nesse sentido, essa autofagia é muito negativa.

Volto então ao que você mencionava, a ideia de termos uma obra própria, de edificá-la e tê-la como condição de liberdade. Gostaria de explorar duas ideias, se você me permite. Uma está conectada com a outra, e as duas têm a mesma fonte, que é Karl Marx.

MG: Sim, vamos a Marx e ao seu conceito de liberdade e criatividade.

MSC: É a síntese, a triádica: tese, antítese e síntese. Pelé, Tostão e Jairzinho. Marx disse que há diferenças na liberdade, e isso tem a ver com criatividade. Há uma diferença entre *liberdade de* e *liberdade para*. *Liberdade de* é quando você é livre da necessidade; *liberdade para* é quando você tem possibilidade de escolha, que é sem determinação absoluta. *Livre de* é livre da fome, livre da ausência de abrigo, livre da doença, livre da penúria, livre da censura, ou seja, livre de necessidade. Esse é o reino da necessidade. Mas existe o *livre para*. Eu, Cortella, sou livre de muita coisa. Sou livre da fome, da falta de recursos, da falta de socorro médico, da ausência de abrigo. Por isso, sou mais *livre para*. Posso ter liberdade de pensamento, liberdade de locomoção — o direito de ir e vir para mim está absolutamente aberto porque sou livre da ausência de recurso financeiro. Então, o reino da necessidade é um impeditivo para o reino da liberdade, mais expressivo. A criatividade é mais forte no reino da liberdade do que no reino da necessidade. Voltamos à noção do *scholé*, do ócio latino, em que, estando fora do reino da necessidade, o reino da liberdade está aberto para que você o percorra.

MG: Isso me lembra a confusão que as pessoas fazem entre *liberdade de* e *liberdade para* no contexto da vacinação. Muitos que não se vacinam dizem que a imposição lhes rouba a liberdade de escolha. Mas essa é uma posição eticamente errada. A *liberdade para*, aqui, é a liberdade para proteger as pessoas ao seu lado e, claro, a si mesmo. Recusar-se a tomar vacina, mesmo que pareça ser um exercício de afirmação de sua liberdade pessoal, é um ato de violência civil, a liberdade para potencialmente infectar e até matar outra pessoa, inclusive as pessoas que você ama, sua família e amigos.

MSC: Isso mesmo, Marcelo, um aspecto muito triste da nossa realidade atual. Mas voltando à relação entre liberdade e criatividade, Marx acrescenta uma outra percepção, e que apresento de modo sintético: A melhor das aranhas sempre será pior do que o pior dos tecelões. A melhor das aranhas, aquela que faz teias magníficas, sempre será pior do que o pior dos tecelões, alguém como o Cortella que não tece, porque tenho algo que ela não tem: eu posso criar. A aranha faz teias inacreditavelmente belas, mas ela só faz essas teias porque tem um defeito congênito: ela nasceu sabendo. Por isso, ela faz teia como a mãe dela fazia, a avó, a bisavó... A menos que haja uma interferência do meio ambiente ou de outra fonte, ela será repetitiva. Veja o exemplo de Ian Wilmut, o cientista escocês que criou Dolly, a primeira ovelha clonada, em 1996. Ele permitiu que a clonagem ficasse à nossa disposição. Portanto, criou a possibilidade de algo eticamente terrível, de um lado, e cientificamente estranho, do outro, que é a repetitividade, a reclusão dentro do mesmo. A criatividade ocorre quando você rompe o lacre do mesmo. Quando Marx diz que a melhor das aranhas será pior do que eu é porque não nasci sabendo e por isso tenho a possibilidade de saber aquilo que ainda não é por mim sabido. Caso contrário, só saberia coisas até o meu nascimento. Então, ficaria, para usar uma expressão sua, Marcelo, ilhado dentro daquela cognição ou, como sou filho de italiano, isolado — ficaria numa *ísola*, cercado daquilo que está a minha volta. A criatividade é quando você *sai* da ilha.

MG: Quando você sai da ilha ou quando expandimos a ilha, aumentando a periferia entre o conhecido e o desconhecido. Aliás, acho importante explorarmos a ideia de criatividade em um nível mais individual. Por que é importante ser criativo? Porque essa dimensão é uma expressão de liberdade que, através do ato de inovar, pode também nos transformar. Qualquer pessoa pode ser criativa. Qualquer pessoa pode crescer com o ato criativo. Criatividade não é algo elitista, é para todo mundo. Acho importante as pessoas entenderem isso, porque muita gente meio que se acanha e desiste antes de tentar, declarando de saída que não é uma pessoa criativa, que não vai nem tentar. E, com isso, a pessoa deixa de arriscar e acaba se retraindo na mesmice. Todo ato criativo envolve uma dose de risco e também a possibilidade de fracasso. Em vez de entender que o fracasso faz parte do processo de crescimento individual, as pessoas nem tentam e deixam de usar o fracasso para poder crescer. Quem deixa de tentar ser criativo por medo do fracasso acaba vivendo menos. Einstein dizia que pessoas sem a capacidade de se maravilhar com o mundo, com o mistério da existência, são como velas que se apagaram. O ato criativo é como nos engajamos com essa luz.

MSC: No meu escritório em São Paulo tem uma plaquinha do lado de dentro que serve de referência para mim e para minha equipe, que diz: "Aqui só admitimos o erro inédito." Porque o fracasso é quando você produz erros que não são inéditos. Enquanto produzir um erro inédito, não há fracasso. Chama-se tentativa, chama-se possibilidade de risco. A criatividade não é uma certeza de acerto, mas é uma recusa à monotonia, àquilo que se acomoda. Nessa perspectiva, muita gente imagina que não pode ser criativa porque não rompeu ainda internamente com algo que pode nela ter sido pressionado. A pessoa pode desejar não criar, porque criação comporta riscos, inclusive de não sucesso, de não êxito. Voltando à aranha, ela segue o manual genético que ali está e você é capaz de coisas que podem dar certo ou não.

MG: Exatamente. O ato criativo nos distancia dos outros animais. Não porque somos melhores ou piores, mas porque temos a habilidade de

SOBRE A CRIATIVIDADE

nos desviar do "código" de quem somos, isto é, da mesmice que vem com a rotina da sobrevivência. A aranha faz uma teia belíssima, mas só aquela teia, como você disse. Nós podemos fazer teias de todos os tipos e, com imaginação, criar teias essencialmente impossíveis de serem feitas na realidade prática. O importante é ter a coragem e experimentar o novo.

MSC: Isso vale na cozinha. Se você tem uma receita e vai segui-la literalmente, poderá ter uma repetição, mas não necessariamente uma criação. Millôr Fernandes, que eu antes mencionei, dizia que o computador tem um defeito: ele não erra. E, por isso, ele não cria. Só é possível criar se somos capazes do deslize, porque é isso que ensina. O deslize é pedagógico. Por isso é que só admitimos o erro inédito. O erro primeiro, inédito, é uma possibilidade. O erro repetido já é sinal de tolice.

Gosto da ideia de que temos um terreno de criatividade e não de pura determinação, isto é, não sou um mero repetidor daquilo que é colocado para mim antes de mim. Posso juntar, a partir do acervo de impressões — conhecimentos, instintos de que a própria natureza me dotou, e da minha convivência social —, meus universos fenotípico e genotípico e, a partir daí, dar um passo que vai além, de buscar algo que ainda não é. Walter Benjamin definia a obra de arte como tendo um caráter de irrepetibilidade. A noção de que aquilo que é da minha autoria, que é minha criação, pode ser aprendida e feita por você, sim, mas não ao meu modo. Quando duas pessoas fazem uma coisa do mesmo jeito, não é do *mesmo* jeito. Porque há um modo próprio, individual, de aproximação, de intervenção, de mexida. E há pessoas que, como você lembrou, se resignam a não ter um modo próprio. É confortável, não? É uma possibilidade, inclusive de não ter de fazer esforço. E é por isso que digo sempre que todo pessimista é um vagabundo.

MG: É. Com certeza. Falo isso de outra forma. Digo que o pessimista é o cara que entra em campo já perdendo o jogo. O cara entrou e o jogo já acabou. Esse é o ócio que vem da covardia de não tentar.

MSC: Como no Coliseu.

MG: Ali era meio diferente, outro estilo de campo.

MSC: Mas o placar já estava na porta. Leões 1 × 0 Cristãos, antes de começar o espetáculo...

MG: É verdade; nesse caso, a derrota era praticamente certa, mas não por não querer tentar. A menos que você fosse aquele cara que conseguisse vencer os leões, aquele que pode ser um em mil, feito Hércules ou Sansão. Felizmente, é raro termos um obstáculo contra a criatividade semelhante a encarar um leão na arena.

MSC: A sua avó, ou a sua mãe, nunca te falou "o ócio é a mãe do pecado" ou "cabeça desocupada é a oficina do demônio"?

MG: É isso. Tem que haver intenção.

MSC: Essa intenção passa muito por uma ideia da criatividade. Você pode ter a criatividade, tanto aquela que eleva a nossa condição humana como aquela que nos coloca dentro do que é danoso, que é maléfico. Nessa hora, acho que há forças de escolha que marcam muito a percepção de criatividade. Uma das coisas mais interessantes é o quanto algumas pessoas inconformadas são capazes de trazer à tona aquilo que é inédito. O inédito resulta da criatividade. Nem sempre, claro, criar significa trazer o inédito. Em vários momentos, pode ser a revitalização do antigo. Por exemplo, nós dois, numa conversa sobre o universo, podemos estar revitalizando o antigo mundo dos pré-socráticos, do mundo clássico da filosofia em vários lugares. Essa é a revitalização do antigo. É preciso que o inédito venha à tona para que possamos dar outro passo.

Já escrevi sobre isso de outro modo, quando o primeiro humano pegou argila para fazer um vaso, um recipiente no qual coubesse água, para que nós fizéssemos algo que define a nossa espécie, a nossa capacidade de "pré-vidência", de providência. Todas as vezes que eu, como qualquer outro animal, tenho que ir até o lugar onde a água está para bebê-la, estou vivendo o tempo fixo. Tenho sede; vou lá, bebo água e volto. No caminho, já estou com sede de novo. O predador está lá me esperando; eu me canso na passagem — dependo, às vezes, da elefanta mais idosa, que há séculos faz esse caminho para achar água. Um dia, fomos capazes de, na nossa evolução, em vez de ir até a água, trazer a água até nós. Provavelmente, nos primeiros modos de se fazer isso usaram o bucho de um animal. Pego o bucho de outro animal e encho de água. Imagine o sabor que teria. Mas era melhor do que ter que ir ao riacho e passar por onde o predador estava me esperando. Ou pode ter sido a cabaça que recolhemos para dar a ela outro uso. Caiu da árvore, estava ali; com água dentro, eu a bebi, e serviu ao seu propósito.

MG: É incrível o pouco que sabemos desse processo de "re-apropriação" das coisas que nossos antepassados viam na natureza para um uso utilitário, que servia a um propósito prático e ainda ajudava na sobrevivência do grupo. Essa habilidade de pensar simbolicamente e imaginar o possível além do imediato, da rotina das coisas, feito a velha elefanta.

MSC: Um dia, quando começamos a elaborar, aí foi criação. Não é ir até a água, que é mera natureza, não é apenas pegar o bucho de um animal, um odre, e colocar dentro dele o líquido e trazer até mim; não é usar só a cabaça da árvore que está quebrada e que não servirá como recipiente. É criar algo que ainda não existe, um vaso. Pegar a argila, moldá-la com a finalidade de criar um vaso, e é só carregar água. E um passo que vai muito além, que é quando, depois de fazer o vaso, depois de deixá-lo no formato para que guarde a água, fazer algo absolutamente inútil, que é ir lá pegar mais argila e, enquanto ainda está úmida, fazer uma linha nela, iniciando aquilo que chamamos de arte, que é a inutilidade plena e, por isso, a força da beleza. Afinal de contas, para que serve esse risco na argila úmida? Não aumenta a capacidade do vaso, não torna a água mais potável, não dá nenhum tipo de vantagem, exceto aquela que é a nossa marca. Essa marca é expressão dessa criatividade humana, que vem na geração do inédito, que é tanto o vaso que não existia quanto a marca de exclusiva autoria, o seu desenho. Portanto, é juntar a criação a algo que é a estética. O belo.

MG: E a questão então é entender qual a função de criar o belo, de estender o vaso a algo que não é apenas útil mas inspirador. Por que temos a necessidade disso, dessa nova dimensão da existência além do prático? Imagino que seja necessário ampliar a definição de utilidade para além do prático. O útil nutre emoções que podem melhorar nossa qualidade de vida, apreciando a beleza das coisas que nos cercam. Nesse gesto tão lindo que você mencionou, da linha que decora um vaso, os humanos ampliam sua existência no mundo para algo que transcende o imediato, que nos leva a experiências emocionais novas, inusitadas, expandindo nossa realidade. Do risco decorativo na argila até a Mona Lisa, da flauta feita de osso a Mahler, o impulso criativo é o mesmo. Expandir a dimensão do possível, a experiência de maravilhamento com o mundo.

SOBRE A CRIATIVIDADE

MSC: Não é só o útil, mas é também o belo, como um prato de comida. Nós distribuímos num prato as coisas que ali estão. Vamos dizer que hoje no almoço comeremos alimentos variados. Temos o hábito de separá-los. Num canto esta comida; no canto de lá, a outra comida. Do ponto de vista nutricional, isso não tem a menor finalidade. O mais correto seria juntar tudo, colocar no liquidificador e bater. Fazer a coisa que o mineiro chama de "mexidão". Juntar tudo e ainda jogar um ovo cru em cima, para ganhar mais substância. Mas o prato arrumado é a estética. Eu tenho um genro alemão e outro francês. O alemão ficou desesperado na primeira vez que foi conosco comer feijoada. A feijoada, embora saborosa (e hoje ele gosta muito), é um prato feio. Uma mescla de coisas boiando, fervendo. Ele viu uma orelha, um pé de porco, osso. Mas, se você fecha os olhos e come, fica maravilhado com os sabores. É uma marca exatamente daquilo que é o inédito e aquilo que é o além do inédito. O além do inédito, no meu entender, é a arte. Na música de Mozart, o silêncio é tão essencial quanto a música em si.

MG: Com certeza. E você também pode criar uma feijoada vegetariana. Sem pé, sem orelha, que também é excelente e bem melhor para sua saúde e para o futuro do nosso planeta.

MSC: Uma feijoada quimérica, mas uma quimera é também uma invenção. Neste caso, seria quase uma "mentira" benévola.

MG: Com certeza, mentir também é um ato criativo — aquele criativo maléfico que mencionamos antes. Uma coisa que ainda não mencionamos nesta nossa conversa sobre a criatividade é a relação da criatividade com o tempo, com a nossa percepção da passagem do tempo. Muito do impulso criativo da humanidade está relacionado com o fato de termos consciência da nossa própria mortalidade. Os sonetos de Shakespeare, as partitas para violoncelo de Bach, as letras de Lennon e McCartney, a teoria da relatividade geral de Einstein e incontáveis outras obras na ciência e na arte são expressões dessa necessidade que ganha força no ato criativo — criar algo que tem permanência. Você falou em Mozart porque a obra dele tem esse valor que transcende o tempo, o que chamamos de obra clássica. Por que isso? Por que essa vontade de gerar uma coisa que transcende a passagem do tempo? Esse impulso criativo, para mim, tem a ver com a nossa percepção da própria mortalidade, voltando àquela questão do tempo que mencionamos antes.

MSC: É. A ideia de clássico, inclusive a noção de *clas*, no latim, tem a ver com o Império Romano, antes até com o mundo romano, em que *clas* era uma forma de separação da cavalaria, da ordem dos cavaleiros. Por isso, foi uma classificação que, mais tarde, gerou a discussão sobre qual é a sua posição dentro da elite. Evidentemente, o que chamamos de clássico é tudo aquilo que a elite política, econômica e social assimila e leva adiante, isto é, tudo que não é digerido pelo conjunto indiscriminado, pelo conjunto da população. Os espetáculos de Shakespeare tinham a frequência do povão. Ainda assim, a permanência de sua obra, que não se dará pela presença teatral, virá pela sofisticação classista. Haverá um grupo que dominará aquele idioma, que vai ser capaz de ter acesso a livros, que vai levá-lo adiante. Tanto assim que se costuma opor clássico a popular, especialmente em relação à música. E é importante entender que vamos tendo na noção de criatividade aquilo que tem uma permanência estruturada. Sempre classifico o clássico como sendo tradicional. Tradição é aquilo que tem de ser preservado, enquanto arcaico é aquilo que tem que ser descartado. A filosofia valoriza muito o tradicional. Portanto, o antigo que é o clássico é aquilo que, ao longo do tempo, mantém sua vitalidade, como a obra de Mozart, a música de Catulo da Paixão Cearense, os escritos de Shakespeare, coisas que são também parte do que seria o popular. A ideia de clássico e, portanto, de arte é o que não perde vida, que continua por muito tempo. Até hoje conversamos sobre obras que têm aí 2 mil anos de história.

MG: Mas criatividade não precisa ser uma coisa elitista. Falando de culinária, por exemplo, até hoje fazemos na minha casa a torta de uva usando a receita da minha avó, da Ucrânia. Ou seja, não é que precise ser uma poesia de Shakespeare ou uma ópera de Mozart para ser um clássico.

MSC: Não. Tem razão.

MG: Então, tem uma coisa que...

MSC: O que garante que a torta da sua avó é um clássico? Porque ela mantém a vitalidade, não pereceu com a sua avó, nem pereceu na Ucrânia. Ela está ainda conosco a tal ponto que você acaba de me fazer ficar com vontade de experimentar essa torta. Portanto, de fazer com que tenhamos acesso ao clássico, sem elitismo.

MG: Eu faço. Reaprendi a fazer a torta de uva preta da minha avó.

MSC: E é igual à da sua avó?

MG: Não.

MSC: Jamais, certo?

MG: Nunca. Nunca vai ser.

MSC: É a torta do Marcelo. Mas é ao modo da sua avó. Paulo Freire, com quem trabalhei dezoito anos, dizia que fazer como Paulo Freire não é fazer o que Paulo fez, é fazer o que ele faria se estivesse agora nessa situação. Então, fazer a torta da sua avó não é fazer a mesma torta que a sua vó fazia, é fazer o que ela faria se ela estivesse nessa circunstância, com esse material, com o tempo de que dispomos.

MG: E o talento dela. O essencial é que fazer a torta da minha avó é celebrar a sua memória. Enquanto pensarmos nela, ela continua viva de alguma forma. As pessoas só morrem de fato quando ninguém mais lembra que elas existiram.

MSC: Alguns teóricos dentro da sociobiologia e da antropologia dizem que não somos mais nômades, somos, agora, sedentários porque não ficamos mais ao lado do que plantamos, mas ao lado dos que já morreram. O que marca a possibilidade da nossa fixação não é a necessidade de convivência, de comércio interno, mas de não deixarmos nossos mortos para trás. As cidades surgiram ao lado de cemitérios, não o contrário. Portanto, a torta da sua avó é para se tornar memorável, algo que não deixamos escapar. Escapar do quê? Do que vocês, físicos, chamam de dentes do tempo, *Tempus edax rerum* — Tempo devorador das coisas.

MG: É. O memorável que é comemorável.

MSC: Por isso Pedro Nava, o maior memorialista brasileiro, maravilhoso médico que escreveu *Baú de ossos*, dizia — e isso vale para usar em discussões com colegas acadêmicos ou em debates internos na família: "Eu não tenho ódio, o que tenho é memória."

MG: E o que que você diria para uma pessoa que não se acha criativa, e que gostaria de ser mais criativa? Como começar? Temos nossas receitas pessoais ou modos de pensar sobre o assunto.

MSC: Se eu fosse cartesiano por completo, e não o sou, usando Descartes, diria: "Vá do simples ao complexo. Comece pelas coisas mais simples e depois vá alongando." Se alguém tem dificuldade ou uma autoimagem em que vê uma impossibilidade em ser criativo, bem, aqui vale remontar um pouco a minha experiência docente. Na universidade na qual lecionei 35 anos, a Pontifícia Universidade Católica de São Paulo (PUC-SP), eu organizava a sala para que os alunos apresentassem seminários. Quando havia um grupo de seis ou sete pessoas, era muito comum que a apresentação ficasse por conta de quem tivesse mais habilidade ou a pessoa que ficasse mais confortável nesse papel, em nome dos demais. Eu insistia com os grupos — e isso sempre funcionou — que o tema fosse apresentado por quem não tivesse facilidade para fazê-lo. Para que esses seminários pudessem ser apresentados de um modo mais solto, fazia antes um exercício, que era uma espécie de simulação, em que todos nós passávamos ridículo. Numa sala com cinquenta pessoas, um grupo tinha que simular o amanhecer na fazenda; o outro, um ônibus lotado com o motorista freando de repente etc.

Pois bem, havia uma freira, uma religiosa católica, que, aliás, assistia à aula de hábito. E ela, na hora de simular com o grupo um amanhecer na fazenda, ficou de quatro e alguém simulou uma ordenha — ela era a vaca. No momento em que ela se coloca nessa condição de modo aberto e generoso, sem que haja ali nenhuma maldade — a pessoa no grupo com menos capacidade de criar, de fazer algo a que não está habituada —, as portas se abrem. Quando se está num ambiente em que se sente acolhido, você se fortalece.

Daí volto a sua questão sobre o que eu diria. Diria aquilo que, um dia, um estudante de filosofia baiano que, depois, se tornou músico, Raul Seixas, cantou em "Tente outra vez". Tente no sentido de não considerar uma fatalidade. E lembre-se de um pensamento que acredito ser importante nessa circunstância: é possível errar quando se vai criar algo, mas o erro não é definitivo.

MG: Com certeza. Diria até que errar é um passo essencial para o sucesso criativo. O erro ensina, o erro ajuda a pessoa a crescer. O erro ensina também a humildade, algo essencial no processo criativo. É preciso aceitar que os primeiros passos, em qualquer circunstância, sempre são difíceis.

MSC: Uma das coisas que gosto sempre de lembrar nessa situação: "Seu erro não o define, isto é, eu não sou o erro que cometi. O erro é parte da minha possibilidade, mas ele não me preenche." No entanto, alguém que se considere não criativo ou não criativa é uma pessoa que precisará encontrar permeabilidade num ambiente coletivo em que essa sua forma de temor possa ser transformada numa força de ação e de criação. Muitas vezes, as pessoas não são criativas porque não têm à sua volta material nem disponibilidade.

O grande filósofo da ciência, um médico do Rio de Janeiro e um dos maiores pensadores que o Brasil teve, Álvaro Vieira Pinto escreveu um livraço publicado pela Paz & Terra chamado *Ciência e existência*. O livro foi lançado em 1968, no exílio, porque ele foi preso no Brasil. Álvaro Vieira Pinto era do Instituto Superior de Estudos Brasileiros (ISEB), composto por alguns intelectuais que não eram vinculados ao que se chamava na época de esquerda. E ele levanta algo que depois Paulo Freire retoma, que tem a ver com o que nós estamos falando agora sobre os meios necessários para ser criativo. Por exemplo, sabe essas criações que vêm do folclore nordestino, como a carranca de São Francisco, os bonequinhos que alguém faz no sertão, de barro ou com um pedaço de osso? Esses objetos que a elite intelectual coleciona em casa, muito bonitos, muito *naïf*? Nós temos que entender que a pessoa que cria um bonequinho de barro, uma coisinha feita de osso, um caminhãozinho feito com um pedaço de pau, está criando, mas ela não pode se contentar (nem nós) em só fazer aquilo. Ela não faz coisas mais sofisticadas, como física, como filosofia, porque não tem acesso às condições necessárias. Se tiver acesso àquilo que nós fazemos, e tiver a possibilidade de dar conta, será criativa nesse polo. Insisto nesse ponto para não imaginarmos que a criatividade depende exclusivamente de uma intenção. Ela depende da circunstância, do aparato à disposição. Você e eu criamos textos, criamos ideias, criamos aulas porque tivemos condições estruturais para isso. Será que outras pessoas fariam o que Marcelo Gleiser faz? Não ao modo de Marcelo, mas poderiam fazê-lo *se tivessem condições*. Aliás, Millôr Fernandes, que eu já citei tantas vezes, dizia que "quem inventou o alfabeto foi um analfabeto."

MG: Pois é, exatamente. É importante entender isso, que não existe, ou não deveria existir, elitismo no julgamento do que é ser criativo. Talvez o que iniba muito as pessoas seja a vulnerabilidade que a obra gera, o fato de que quando cria algo e divide sua criação com o resto do mundo você está se expondo ao julgamento dos outros. Se, no entanto, você pensa no ato criativo como um ato de expansão pessoal sem essa intenção de "expansão social", ou seja, você cria para se autoconhecer melhor, para expressar algo para si mesmo e não para os outros, para crescer como ser humano, acho que a criatividade ganha uma dimensão muito mais verdadeira, que empodera a pessoa que cria. Você deixa de fazer as coisas para os outros e faz para si mesmo.

Como aquele poeta que escreve seus poemas num livrinho especial que esconde no porão da casa; ou o cara que desenha porque gosta, sem se preocupar com o impacto da sua criação sobre os outros: "Bom, isso aqui vai ser uma obra que vai me tornar imortal." Ou seja, é preciso considerar o ato criativo como um ato de crescimento pessoal, independentemente de como os outros vão olhar para essa obra, sem medo da crítica. É importante que as pessoas arrisquem, experimentem com sua criatividade, que não tenham medo de expor a si mesmas.

MSC: Hegel coloca isso quase como uma imposição interna quando faz uma reflexão a respeito, especialmente na *Fenomenologia do espírito*, que é uma das obras mais difíceis da filosofia. Pergunto: "Você leu?" A resposta: "Li." "Gostou?" "Gostei." "Entendeu?" "Entendi." Mas não entendeu. Pode até ter gostado, mas é mais ou menos como *Ulisses*, de James Joyce. A complexidade de Hegel bloqueia o acesso às suas ideias. Pois bem, ele dizia o seguinte: "Cada um de nós é um idealista; cada um de nós é um sujeito, isto é, uma subjetividade." Eu preciso me conhecer. Para ter a minha identidade, para ter aquilo que é a minha percepção sobre o que sou de fato, preciso me colocar para fora. O sujeito precisa se objetivar. Em outras palavras, a minha subjetividade tem que ter objetividade para poder ser admirada, examinada. E é exatamente isso, no entender de Hegel, que impulsiona a criação de uma obra. Só consigo saber o que sou se me tornar real.

Agora vou usar o termo no modo como você usa nos Estados Unidos, *to realize*. Vou me tornar real no sentido de dar conta de mim, ter ciência sobre mim mesmo. E a ideia do *to realize* tem uma dupla percepção. Não só *to realize* é dar-se conta, como também significa, usando o latim antigo, algo que me torna real. Eu, Cortella, só sou palpável, só sei o que sou naquilo que faço, não naquilo que penso só de mim, sem nenhum tipo de concretização externa. Em larga escala, as pessoas que não têm uma expressividade a ponto de se colocar também para fora, que não têm uma obra que possa ser exposta, temem mais o que está dentro do que o que está fora.

MG: É por isso que o impulso criativo precisa começar no indivíduo, antes de se expor ao mundo. Porque na fragilidade de expor uma obra a um mundo crítico e negativo a pessoa arrisca afogar de vez a voz que tem dentro de si. "Cala a boca porque você só fala bobagem." E a pessoa se cala. Não há dúvida que nos definimos para o mundo a partir de como nos mostramos para o mundo. Para fugir da crítica, muitas pessoas escondem a sua essência e criam uma persona falsa. Para evitar isso, é necessário criar com confiança para si, antes de se expor para enfrentar a opinião alheia. Vemos isso nas mídias sociais, que destroem vidas. As pessoas que vivem para os outros se esvaziam existencialmente.

MSC: Não sou da área de psicanálise nem de psicologia, mas gosto de Nietzsche. Na introdução de *Para além do bem e do mal*, ele diz que, quando você olha fundo no abismo, ele olha de volta para você. Por isso as pessoas que têm condições de fazê-lo encontram um empecilho. Ao criar, você se expõe literalmente. O artista gosta da exposição. Dificilmente alguém faz um poema para guardar para si. Ainda que você faça para si mesmo, como é o caso do diário, seu sonho é que alguém o descubra, que alguém encontre o diário e possa lê-lo. O diário é uma maneira de você ser um espelho às avessas. Oscar Wilde dizia que, sempre que viajava, levava o diário consigo porque era sempre bom ter alguma coisa ótima pra ler.

MG: [Risos] Acho que no caso do Oscar Wilde ele estava sendo cínico como sempre, criticando a mediocridade dos outros escritores da sua época, o que prova nosso ponto sobre a fragilidade que vem da exposição.

MSC: Hoje o mundo digital permite que não só as nossas agonias, mas as nossas alegrias, possam ter uma perenidade maior. No meu canal do YouTube às quintas-feiras tem o *Baú do Cortella*. A agência Sophya publica vídeos e falas que fiz há trinta anos, quarenta anos. Às vezes, olho aquilo como minha obra e fico envergonhado da época em que eu fumava em sala de aula. Todos nós fazíamos volteios. Ora, por que digo isso? Porque acho importante essa ideia de a nossa obra poder ser exposta e ter alguma perenidade, ter uma persistência no tempo. Só Salvador Dalí deu conta disso, quando fez o relógio derreter. Mas a obra dele não derreteu. E, se ela fosse queimada, sobreviveria de algum modo, porque hoje tem registros que, em tese, são "inapagáveis".

MG: O nome desse quadro a que você está se referindo é *A persistência da memória*.

MSC: Exatamente. O tempo é derrotado pela obra de Dalí porque ele faz os relógios que derretem. O sujeito que põe fogo no quadro, que estilhaça a escultura na frente de um monte de gente assistindo e gravando, está fazendo alguma coisa que perdure. Ele não quer que desapareça.

MG: Isso é dramatização em cena, arte em movimento.
   Você mencionou algo que eu queria retomar rapidamente, quando falou de Nietzsche e sua frase "quando você olha pro abismo, o abismo olha de volta". Isso me fez pensar em Einstein, que também se coloca com relação à questão da criatividade. Ele dizia uma coisa que acho muito linda, que a emoção mais profunda que podemos vivenciar é o Mistério. Por que o Mistério, com M maiúsculo? Porque, segundo

SOBRE A CRIATIVIDADE

Einstein, o Mistério é a mola propulsora da criatividade humana nas ciências e nas artes. A pessoa que não é capaz de vivenciar esse mistério está mais morta que viva, é como uma vela que se apagou. Eu acho muito linda essa frase.

MSC: Maravilhoso! Maravilhoso!

MG: Einstein cria essa unidade entre a criatividade nas ciências e nas artes como sendo uma manifestação única e profunda da nossa humanidade. Ambas fazem parte do nosso "projeto de imortalidade".

MSC: Esse defrontar-se que você e Einstein chamam de Mistério os gregos antigos denominavam "o terrível", usando a expressão latina. "O terrível" que mais tarde será chamado por eles de fantástico é a ideia do fantasma, não ligado ao mundo do sobrenatural, mas que vem e que nos assombra. É o assombrar-se com o mundo. Nunca esqueço o momento em que Miguilim recebe os óculos em *Campo geral*. Ele, que quase não enxergava por ter uma deficiência visual profunda, quando recebe os óculos tem a assombração do mundo. É aquilo que o grande Mario Quintana criou como o *Baú de espantos*. Não o *Baú de ossos*.

MG: Outro baú...

MSC: O *Baú de espantos* é um livro de 1968 maravilhoso. O encontro com o divino — e o judaísmo traz isso forte dentro da expressão religiosa — é o encontro com o terrível, com o inefável, uma expressão judaica clássica, com o indizível. Quando vivencia o Mistério, você não quer que permaneça assim na pura fruição. Usando uma das belezas do meu estado, o Paraná, quando, pela primeira vez, se vê diante das Cataratas do Iguaçu, naquela área próxima ao "horror", admirando a fúria daquela água que cai, a sensação, às vezes, é que você quer se atirar. Aquela tamanha fúria, bem ali à volta, e você fica maravilhado. E depois, ao se afastar, você fica buscando entender essa forma de maravilhamento. Ela é uma marca muito grande da nossa capacidade de recusar nossa finitude. Não basta que eu presencie o Mistério. Preciso "desmisteriá-lo". Para muita gente, inclusive para nós, é quase uma tarefa: não vou embora enquanto não entender. Se eu for embora, passo para outro, que passa para outro, que passa para outro. E aí os deuses riem lá no seu lugar e nós rimos aqui no nosso.

MG: Mas o importante nesse "desmisteriamento" que você mencionou é uma palavra que nem sei se existe, mas...

MSC: Agora existe!

MG: Exatamente. Inventar essa palavra, que é muito boa. Então espero que o copidesque não corte essa palavra quando fizer a edição do livro... O "desmisteriamento" leva a mais mistérios ainda.

MSC: Sim. Claro!

MG: É a essência desta conversa agora. Precisamos ter a humildade de entender que ninguém vai chegar a respostas finais, que realmente não existem, que dependem do que você mencionou antes, do contexto social e cultural do que se entende por verdade.

MSC: E dessa possibilidade de nós continuarmos nos encantando. Guimarães Rosa fala que as pessoas não morrem, elas se encantam. É a ideia clássica na Bahia, a de que "baiano não nasce, estreia". A noção de algo que marca o tempo é tão forte que no mundo das artes, no mundo do espetáculo, daquilo que é para ser exibido, chamamos a apresentação de *temporada*. A noção de que há um tempo finito das coisas. Por isso, aproveite. Aproveite este tempo que dura. Costumamos dizer que na nossa presença no mundo temos que escolher se estamos aqui como "peregrinos" ou como "turistas". Quem trabalha muito bem isso é Yves de La Taille, um psicólogo francês da Universidade de São Paulo (USP). Na existência, você é peregrino ou turista? O peregrino vai encontrar razões para ultrapassar obstáculos, para ir em busca do sofrimento. Já o turista está só visitando. Tem gente com mais capacidade de ser turista do que nós, mas tem gente pior. São os que se acham "proprietários", nem turistas nem peregrinos. Falta humildade aqui.

MG: Achei fantástica essa colocação. Especialmente se entendermos o peregrino como uma pessoa com um senso de missão, cujo objetivo é voltado para seu crescimento e sua expansão espiritual. Na viagem, a peregrina se "des-cobre", se revela a si mesma e ao mundo. Como Hélio Pellegrino — que nome apropriado! — uma vez me disse, "a busca é a 'pró-cura', é o se autocurar, se conhecer através do processo de descobrir o novo sobre você e o mundo".

MSC: O grande paleontólogo norte-americano que você deve ter lido, Stephen Jay Gould, colocava que, para diminuirmos a nossa pretensão, bastava olhar aquele cálculo que ele fez, hipotético, contrastando humanos e bactérias. Em uma balança, ele coloca num dos pratos todas as bactérias que existem no planeta — obviamente, isso é uma simulação — e no outro prato da balança, todos os seres humanos que existem no planeta. E a balança pendeu para o lado das bactérias. Como massa, não somos assim tão relevantes, o que não significa que não somos importantes. Há outras formas de ser além do ser humano.

Essas outras formas nos remetem à ideia de biosfera. Aquilo que nos coloca juntos.

MG: Exatamente. E a ciência moderna nos mostra com clareza que somos todos descendentes de uma bactéria que viveu por volta de três bilhões de anos atrás; nós e todos os animais e plantas que existem e existiram. Essa unidade da vida é muito profunda. Impossível separar o planeta da vida que existe nele. Bom lembrar disso quando pensamos no que somos e na passagem do tempo.

MSC: Qual é o tempo que temos? Há uma coincidência entre o tempo e a vida. Meu tempo *de* vida é o meu tempo *na* vida, mas isso não significa que este é o único tempo em que estarei. Este é o tempo que estou vivendo, mas não o único tempo em que terei presença. Depois que me for, depois do meu tempo, dado que fico também nas outras pessoas, na minha obra, seja ela benéfica ou maléfica, fico lembrando também daqueles que comigo vieram. Lembro de um poema de Drummond, chamado "Cemitério", em que ele diz: "Do lado esquerdo carrego meus mortos. / Por isso caminho um pouco de banda." Trago no meu coração todos os meus mortos. É mais ou menos como a torta da sua avó, não é?

MG: Pois é, eu a trago no meu peito, sempre. E cada vez que faço a torta e divido com a família e os amigos, celebro sua vida, sua obra, seu amor por todos nós. As pessoas só morrem quando ninguém mais se lembra delas. Nós trazemos essas pessoas conosco, no coração.

MSC: Você traz sua avó no peito. Muito lindo isso.

PARTE III
Sobre as origens da filosofia

MARCELO GLEISER: Podemos falar um pouco mais sobre o nascimento da filosofia na Grécia. Seria interessante discutir em mais detalhes certas ideias que considero fundamentais. Já falamos um pouco sobre Heráclito, Platão etc., mas queria fazer uma pequena resenha dessa história toda desde o princípio, em termos da incrível Era Axial, para que as pessoas possam entender por que falamos ainda sobre pensadores que viveram há 2.500 anos.

No século VI a.C., aconteceu uma coisa realmente incrível no mundo, que algumas pessoas chamam de Era Axial, quando, na China, apareceram Confúcio e Lao Tzu, do taoismo; na Índia, apareceu Sidarta Gautama, o Buda; e na Grécia — ou no que chamamos de Grécia, o que, na época, na verdade, era um monte de colônias espalhadas pela borda do Mediterrâneo, da Turquia ao norte da África e até o sul da Itália — veio a filosofia dos pré-socráticos em seus primórdios. É como se, nesse curto espaço de tempo na longa história da humanidade, as pessoas, ou algumas pessoas, pelo menos, tivessem acordado para o fato de que o espírito humano precisa ser nutrido por ideias e por reflexões mais profundas para poder viver uma vida mais plena.

É então que nasce uma preocupação com o que é o mundo — do que são feitas as coisas — e qual o nosso lugar neste mundo. Os gregos plantaram as sementes do pensamento ocidental que germinam até hoje. Nós aqui no século XXI, de certa forma, continuamos fazendo as mesmas perguntas. Obviamente, aprendemos muito, mas sempre inspirados pelo pensamento de várias pessoas que viveram nessa época. Acho importante não só celebrar a explosão de humanidade que ocorreu nessa época, como relembrar algumas das ideias principais. E como o Mario Sergio mencionou Parmênides e Heráclito, dois grandes protagonistas dessa conversa da Grécia Antiga, seria interessante falarmos um pouco sobre as posições deles, a questão do ser e a questão do devir.

Começando com Parmênides, ele meio que coexistiu com a escola jônica de Tales de Mileto, que reúne quatro grandes nomes: o próprio Tales, Anaximandro, Anaxímenes e Heráclito. Essa escola representava a natureza de uma forma dinâmica, como uma entidade sempre em transformação, ou seja, para eles tudo estava em fluxo. Heráclito tem várias belas passagens ilustrando isso. Por exemplo, uma flecha é atirada para a frente por um arco que retesa para trás — quer dizer, a ideia da complementaridade dos opostos, que é uma coisa um pouco taoista. Ainda em Heráclito encontramos a noção do fogo como símbolo dessa transformação eterna. Queria examinar um pouco as ideias principais desses protagonistas e entender, por exemplo, no caso da escola jônica de Tales, que eles foram os primeiros a buscar por uma "teoria de tudo", porque cada um deles propôs um elemento que era a explicação principal, o elemento material fundamental da natureza. Tales com a água; Anaximandro com o ilimitado, uma substância abstrata de onde tudo vem e para onde tudo vai; Anaxímenes com o ar; e Heráclito com o fogo. De onde você acha que vem essa preocupação desses primeiros pré-socráticos? E por quê? Por que em Mileto, na Turquia?

MARIO SERGIO CORTELLA: Nós temos de lembrar que aquilo que a física chama de *simultaneidade*, mais do que uma coincidência, é o que levará a ter nesse período, em locais diferentes, e não necessariamente próximos, um movimento que hoje é considerado mais concomitante, mas que não era naquele momento. Você menciona Sidarta, Confúcio, e aquilo que a filosofia grega buscava. Atribuímos certa lógica, imaginando que essa simultaneidade teria até algum fator comum a essas grandes regiões do planeta. É algo que o grande escritor norte-americano Gore Vidal procurou explorar na sua obra *Criação*. Nesse livro, ele coloca um embaixador da corte de Xerxes, que é Ciro Espítama, a viajar por aquele momento, encontrando os gregos, Confúcio, Sidarta, buscando uma unidade. Ciro é um zoroastrista do mundo persa. Digo isso porque temos que olhar o nascimento da filosofia nessas três grandes áreas motivadas por questões diferenciadas. Primeiro, lembrando agora de novo, damos uma ordenação temporal de simultaneidade que não necessariamente aconteceu por razões que sejam objetivas. Segundo, há uma diferença entre aquela filosofia que nasce no mundo pré-socrático e a filosofia da Índia e da China, porque no mundo chinês e indiano trata-se mais de uma percepção sapiencial.

O que encontramos nas obras de Confúcio e Sidarta são muito mais preceitos para se viver numa sociedade que se entende já estável, se entende já estruturada, em que não há uma disputa muito excessiva de poder. É necessário lembrar que China e Índia são territórios muito vastos e, portanto, o que é externo, aquilo que até introduziria a novidade, não tem uma presença assim tão grande. O contato de China e Índia será mais aproximado a partir daquilo que, mais tarde, Alexandre, o Grande, conseguirá com uma parte da expansão do seu domínio. E, portanto, ele não reflete esse momento.

MG: Esse é um excelente ponto, da diferença entre essas civilizações. Mas as pessoas viajavam e, imagino, trocavam ideias. Por exemplo, Pitágoras, nessa mesma época, quase certamente visitou o Egito. O mercantilismo no Mediterrâneo e as rotas de mercadorias terrestres também permitiam trocas de ideias. Mas concordo contigo: a estrutura dessas sociedades era muito diferente, como também era a natureza de seus questionamentos.

MSC: Se você analisar essas filosofias do leste, é quase sempre o preceito e não a tentativa de desvendamento do que é a natureza a nossa origem, o modo de funcionamento. Quase que como sendo conselhos de base ética. Como se comportar bem, como ser honrado ante o imperador... São sociedades em que não há tanta mobilidade. E o termo "mobilidade" é muito importante porque a presença do que é o mundo pré-socrático, especialmente naquela região do Mediterrâneo, em que há comunicação interétnica, seja pelo comércio, seja pela pequena navegação — a própria passagem da Turquia, como você mencionou, uma localização de uma parcela do Oriente, e o fato de haver comércio em toda a região daquilo que chamamos de mundo grego naquele momento —, vai ter um impacto porque é uma proximidade étnica num espaço mais restrito: a palavra, que acho, é chave, com alto adensamento de coisas diferentes — algo que quem é carioca entenderá bem —, é que a costa da Turquia era uma região portuária.

O porto normalmente é o lugar do novo porque é o lugar de chegadas e partidas. Fazendo aqui uma digressão, é só você observar como o Rio de Janeiro é um lugar de coisas novas. O Cinema Novo, a bossa nova, as gírias, a moda... Porque é aquilo que vem, traz e sai. É diverso de Minas Gerais. Os mineiros, quando quiseram criar, foram para o Rio. Na literatura especialmente, vale a mesma coisa. Povo de fronteira, por exemplo, o gaúcho; para o povo de fronteira, quem vem de fora é invasor. Por isso, o tempo todo a ideia é *bélica*. Já para o povo do porto, como é o caso não de Porto Alegre, porque é um porto na fronteira, mas do Rio de Janeiro, quem vem de fora é visitante. Outro tipo de mentalidade.

MG: É verdade, a menos que a invasão venha pelos portos. Pelos portos da Itália chegou a peste bubônica na Europa vinda da China.

MSC: Mas o interesse é a troca naquele momento, na Grécia Antiga, porque o Mediterrâneo não separa os povos, ele os une. Quando você convive com o diferente, a noção daquilo que é o permanente e daquilo que é o mutável, daquilo que é o transitório e daquilo que é o perene, ganha uma dimensão mais forte. Afinal de contas, quando você se defronta com o que é diverso, a noção de identidade terá que vir à tona e, ao mesmo tempo, a possibilidade da acolhida, da mudança da própria diversidade.

Nós temos de lembrar que o pensamento grego passa por três grandes fases. Se você olha nesse mundo pré-socrático, há uma reflexão mais forte a partir da mitologia. O mito é uma explicação sintética. (É preciso lembrar que o pensamento filosófico será analítico, não sintético.) Uma explicação sintética pode ter uma elaboração interna, mas simples, isto é, no mito você oferece uma explicação. Assim é Deus, por exemplo, para pegar a parte da mitologia judaica que o cristianismo e o islamismo adotaram. Foi, fez isso, fez aquilo, fez. Acabou. Isso significa que se dispensa aí uma cosmogonia mais estruturada. A cosmogonia mítica, ela é suficiente. Então, para lembrar o primeiro passo na cosmogonia, é saber de onde vem o mundo, qual é o meu lugar dentro disso. Evidentemente, no momento em que você vai tendo uma complexidade maior de comércio, de pequena produção, de artesanato, toda aquela área do Mediterrâneo em que o comércio terá uma presença mais forte, já não basta mais um conhecimento que investigue apenas de onde vem o mundo. É preciso saber como ele funciona. E a maneira de fazer o entendimento de como ele funciona é reparti-lo, e, portanto, achar as estruturas básicas que chamaríamos depois de *elementos*, que começa com aquilo que é mais evidente, os quatro elementos. Você convive com eles na cozinha. A lógica que vai, mais tarde, chegar à ideia de todos os elementos é uma percepção analítica.

E tem uma terceira coisa, para não me estender em excesso — mas já me estendendo porque você provocou —, há algo que é marcante: essa permuta de conhecimentos e de entidades, de percepções, e, ao mesmo tempo, o comércio ali colocado, vai fazer com que haja um adensamento urbano. Esse adensamento com as cidades-estados, em vários lugares, é que fará com que surja um terceiro problema. Se num primeiro momento, na tradição anterior, pré-arcaica, se diria que a questão é de onde veio o mundo, no momento em que aparece também a preocupação de natureza prática em como o mundo funciona, num terceiro momento posterior aos pré-socráticos aparece a preocupação com a política, a virtude, a ética. Como é que convivemos juntos? Quem é que está certo? Daí a antropologia vem à tona. Todo o pensamento socrático-platônico é de natureza antropológica. É sobre o humano.

MG: Sócrates, ao menos a partir do que aprendemos com Platão, sim. Platão diria que inclui também uma preocupação mais metafísica. Tem toda a sua alegoria da caverna, sua teoria das formas eternas e perfeitas, e a ideia de que a verdade existe apenas na mente. E foi também Platão que concebeu um modelo do cosmos usando os famosos cinco sólidos platônicos. Em seu livro *Timeus*, ele propõe toda uma cosmologia e seu famoso demiurgo, o deus-arquiteto. Mas voltando aos pré-socráticos...

MSC: Parmênides e Heráclito estão representando o movimento daquele tempo que questiona se o essencial é o que muda ou o que não muda. No caso heraclítico, a essência é a própria mudança porque notamos isso no nosso cotidiano. Há reflexos políticos em relação àquilo que mais tarde será uma aristocracia, em que o imutável é necessário para que as coisas fiquem no seu lugar e, pouco a pouco, uma discussão sobre a ideia de democracia, que é uma invenção da "burguesia" da época, dos comerciantes que também querem ter acesso ao poder. Por último, como a aristocracia venceu, Heráclito saiu do circuito e Parmênides foi vitorioso. Não porque ele estivesse filiado ao movimento da aristocracia, mas porque as ideias de Parmênides são mais adequadas para a partilha do poder naquele momento.

Diria que com Parmênides a filosofia baixou à terra.

MG: Acho que isso vai ocorrer de fato com Sócrates, mas ainda vamos chegar lá. Antes, queria dissecar um pouco isso que você falou, sobre essa ideia da passagem da mitologia de uma explicação sobrenatural do porquê das coisas para uma explicação mais natural de como as coisas funcionam. Essa transição apresenta um aspecto utilitário extremamente importante quando temos uma cultura interessada no expansionismo comercial, que precisa navegar, viajar, se posicionar na superfície do planeta de uma forma mais eficiente. Então, diria que existe uma aliança de duas coisas. Se antes era o deus Hélio que transportava o sol do leste ao oeste todos os dias na sua carruagem de fogo, agora Anaximandro tem aquele modelo das rodas de biga — na época, eram bigas, certo? — que circundavam a Terra, que ficava no centro; as rodas tinham um aro com fogo dentro, e o sol era um furo nessa roda, de onde vinha a sua luz. O universo passa a ser um mecanismo, como se fosse um relógio, e vemos aqui a transição de um universo mítico para um universo mecânico, absolutamente essencial para o nascimento da ciência mais tarde.

MSC: Se você imagina a concepção pré-socrática, ela antecede o momento exclusivamente mítico. A concepção de Tales, Anaxímenes, Anaximandro, Zenão vai introduzir um pouco do que chamamos de "racionalidade" ou de "episteme". Algo que ultrapasse a mera opinião e que não ancore a explicação do mundo apenas no mito. O mito não é descartado; seguiremos com o mito inclusive até Sócrates. O que ele perde é a hegemonia. Não é casual que Tales seja conhecido como "o pai fundador", mas que a natureza da sua ação seja extremamente prática. Aparece uma preocupação com a técnica. O mito mais relevante nesse momento será o de Prometeu. Embora já existisse como forma, passa a ter uma predominância como explicação porque é a própria possibilidade de capturar o fogo e, portanto, ter o poder dos deuses.

MG: Conta para o pessoal, Mario Sergio, qual é o mito do Prometeu.

MSC: Uma das versões mais clássicas quem conta é Protágoras. Chegada a hora...
Olha que coisa, que expressão maravilhosa. "Chegada a hora" significa que havia uma ocasião, a ideia no pensamento grego não do tempo como Cronos, o que passa linearmente, mas do tempo como *Kairós*. Cronos é o deus principal do Olimpo, é o pai de Zeus, porque é deus quem controla o tempo. Quem domina o tempo é que tem o poder. O seu tempo, a sua vida, aquilo que você faz, aquele que ordena o controle do tempo tem o controle da vida. Nesse sentido, há ali um mito anterior em que Cronos, que é pai dos vários deuses, entre eles Zeus, tinha um hábito, como faz o tempo, de devorar seus filhos que ficavam então em seu ventre. Mal nascemos e o tempo nos devora. Alertado sobre isso, Zeus resolve se rebelar. Um dia, em combinação com a mãe, Zeus decide, enquanto Cronos repousa, substituir todos os que estavam no ventre e colocar ali pedras para dominar Cronos. Que coisa boa, Zeus se torna a divindade principal quando amarra o tempo. E é aí que ganha o poder central. Ora, uma das coisas centrais do mundo dos deuses é a capacidade de fazer e desfazer, mandar e desmandar.
Enfim, uma das coisas trazidas por Platão, no seu diálogo com o título *Protágoras,* é que, chegada a hora, isto é, quando a ocasião *Kairós* apareceu, foi necessário o aparecimento de todos os seres. Esse é um mito cosmogônico, como você mencionou. Para o aparecimento de todos os seres, houve a necessidade de distribuir habilidades para cada um deles. A alguns, coube a velocidade, porque sendo pequenos os capturariam com facilidade; a outros, a possibilidade de voar; a ou-

tros seres, a habilidade de ter mais força — há toda uma distribuição das qualidades.

Quando terminou a distribuição — e ela foi feita de modo equivocado por um deus meio atrapalhado, o irmão de Prometeu, chamado Epimeteu, que fazia as coisas meio tortas —, notou-se que todos os seres tinham recebido qualidades para sobreviver. Quem era muito predado tinha uma descendência numerosa; quem era predador, uma descendência diminuta. Um ordenamento das características que diríamos "ecológicas" em relação à possibilidade de harmonia da natureza. Notou-se também que o humano ficou sem características, isto é, sem qualidades. Não corre rápido, não tem força, não sobrevive muito tempo sem alimento, não fica debaixo d'água, não voa, tem uma pele fraca, não resiste a intempéries. Portanto, ficou absolutamente desprotegido. Prometeu, condoído com a situação desse ser (que somos nós) que ficou sem alternativa de receber da natureza os meios próprios para sobreviver, decidiu pegar um pouco do fogo dos deuses do Olimpo, o símbolo da *téchnē*, da técnica. O fogo é a energia que permite fazer as coisas, mexer no mundo, intervir na realidade, fazer aquilo que não está em nós, o que os gregos chamavam de *órganon*, os instrumentos, as ferramentas.

Prometeu consegue esquivar-se de Hermes e Atenas, as divindades que cuidavam daquele fogo, e o entregar à humanidade. A partir desse dia, nós ficamos um pouco assemelhados aos deuses. Fazendo um breve parêntese, isso tem uma similitude muito forte com a narrativa judaico-cristã em relação à árvore do bem do mal e da sabedoria. Aliás, a serpente sopra para Eva que, se eles comessem do fruto proibido, seriam iguais a Deus.

MG: É interessante o paralelo entre Prometeu, dando o fogo dos deuses aos humanos e, portanto, o conhecimento, a capacidade de inventar, de transformar o mundo, e a ideia de Adão e Eva, cujo conhecimento é o fruto proibido e sua cobiça, o início do pecado. Desejar esse conhecimento é punido por Deus com a Queda, a expulsão do Paraíso, o início da mortalidade humana. Esta é a maior punição do ser humano: a consciência de sua própria mortalidade, da passagem do tempo, como se, no final, vencesse Cronos. Também Prometeu foi punido por sua transgressão, uma punição terrível.

MSC: Sim. Quando rouba o fogo, ao ser descoberto, ele é condenado a um castigo eterno. Foi acorrentado nu no pico de uma montanha. Todos os dias, uma águia vinha e deglutia seu fígado. Ele, por ser eterno, tinha uma "desvantagem": durante a noite, o fígado se regenerava e, no dia seguinte, ele passava de novo por esse mesmo sofrimento. Prometeu foi punido porque entregou aos humanos aquilo que seria um privilégio dos deuses: a capacidade de fazer, a técnica.

Evidentemente, quando a filosofia nasce no mundo pré-socrático para a base ocidental, ela se dá com esse conjunto de fatores, isto é, uma proximidade geográfica em que o problema técnico vem à tona; é preciso produzir mais com menos. Para isso, a cosmogonia é insuficiente, eu tenho que mexer no mundo. Sartre dizia, usando uma coisa meio feia, algo como "il veut plongée le main dans la merde", você tem que enfiar a mão na merda, tem que mexer no mundo.

Tales de Mileto fez isso com a coleta das azeitonas, muito importante na Grécia. Todo mundo afirmou, inclusive os sábios e os sacerdotes, que no ano seguinte a safra seria muito pequena. Como fez seus estudos mexendo no mundo, Tales decidiu comprar toda a reserva e as prensas que estivessem sobrando. Riram à beça dele quando começou a comprar o equipamento, porque achavam que não haveria uma grande safra. E, quando ela veio, só Tales tinha onde guardar e produzir o azeite, e ganhou muito dinheiro, demolindo também a noção de que filósofo é inútil e não sabe lidar com as coisas do mundo.

Esse exemplo coloca essa percepção de que o fogo trazido por Prometeu, isto é, um olhar em que a gente não apenas contempla o mundo, mas também nele intervém, mostra a necessidade de termos uma estrutura, não de síntese explicativa, mas de análise propositiva.

MG: A contribuição de Tales, ao menos pelo que nos dizem as referências a ele, escritas séculos após sua morte, é essencialmente o foco nos processos naturais, a ideia, como mencionamos antes, de que a Natureza é um processo, sempre em transformação. Tales tinha uma visão orgânica da Natureza, de que tudo estava vivo, de certa forma. Por isso sugeriu a água como elemento fundamental. Ao dizer que "tudo é água", não queria dizer que uma pedra é água, mas que a água representa metaforicamente as transformações que vemos no mundo. Ela vai de líquida, ao gelo e ao vapor, ela se adapta aos volumes que a contêm, ela é essencial em todos os seres vivos, algo que Tales certamente sabia bem com suas oliveiras e colheitas. Esse foco nos elementos, na composição material das coisas, é que vai inaugurar o pensamento filosófico que dará origem à ciência, séculos mais tarde.

MSC: Acho maravilhosa a poética que está por trás da ideia dos elementos. Evidentemente, os persas têm uma influência muito forte nisso. O pensamento órfico virá por intermédio dos persas, especialmente a ideia de transmigração de almas, de vidas que são sucessivas, de uma realidade que não finda em si mesma e que é uma perspectiva que ameaça a estabilidade do poder. É preciso ter, digamos, ideologias que sejam capazes de dar conta de sustentar o poder político-econômico baseadas no conceito de que o mundo tem uma estabilidade; no entanto, existem outras concepções em que o tudo muda. Por que que nós não tivemos algo assemelhado a isso, em outras regiões naquele momento, vamos dizer, na Ucrânia, para pensar na sua conexão, Marcelo, ou no norte da Itália, eu que sou da Lombardia?

Primeiro, porque quem criou de fato a expansão da filosofia grega foi o mundo macedônico e, depois, o romano. A complexidade da vida naquela região, o Mediterrâneo com suas junções e seus encontros, é tão marcante que boa parte da história ocidental continuará passando por ali. A ideia do fim do Império Romano do Ocidente, a queda de Constantinopla, aquele pedaço continua sendo, digamos, um ponto fulcral, onde tudo isso converge.

MG: Há uma identificação cultural dos gregos em torno da *Ilíada* e da *Odisseia* de Homero, das Olimpíadas, de atividades culturais e comunais que definiam a cultura que unificava esses grupos separados pelo Mediterrâneo. Era algo que não acontecia na época no norte da Itália ou na Ucrânia, e, certamente, não estava acontecendo na Índia e na China porque já contavam com uma hierarquia de poder bastante definida.

MSC: São territórios muito extensos. Você que gosta da ideia de ilha, o número de ilhas naquele pedaço do Mediterrâneo é impressionante. A ideia de ilha requer um sistema de defesa mais forte, mas permite também uma comunicação mais veloz. Essas circunstâncias, sem barreiras, de natureza topográfica — como é o caso do interior da Europa naquele momento, ou para usar um termo de agora da Eurásia, que tem "barreiras topográficas", seja deserto, seja montanha — fazem com que pelo mar seja mais fácil nos deslocarmos, impulsionados pelo vento. Não dava para atravessar o deserto movido pelo vento ou atravessar montanhas. Naquele momento, a grande energia não era o cavalo ou o vapor. Era o vento mesmo. Tanto que os nomes dos ventos são muito decisivos e importantes culturalmente.

MG: É verdade. E com a explosão dessa busca pelo conhecimento no final da história foi Prometeu quem riu por último, pelo jeito. Zeus e os outros deuses vão sendo esquecidos aos poucos.

MSC: Pois é. Alguns falam da vingança de Prometeu com a tecnologia. Há uma diferença entre técnica e tecnologia. A técnica é aquilo que permite que você faça algo porque sabe como fazer; a tecnologia é a invenção dos modos de inventar. São dois movimentos diversos. A técnica é o *know-how*, aquilo que em francês é mais gostoso, o *savoir-faire*; é o método de fazer. A tecnologia é o método de fazer o método de fazer.

Evidentemente, a tecnologia é um passo superior ao da técnica, porque esta inventa por si só e a primeira inventa os modos de inventar. A navegação, a expansão dos helênicos, necessitava do conhecimento dos céus, das constelações, já que ainda não tinham transformado o magnetismo em tecnologia, como haviam feito já os chineses. A vingança de Prometeu seria a sua redenção, já desacorrentado, que é o que o positivismo desejou ardentemente no final do século XIX: tirar as correntes de Prometeu e colocar a razão científica como a grande iluminação. Com isso, passamos o século XX mostrando o poder da razão, com duas guerras que eliminaram milhões de pessoas com uma *téchnē* e uma tecnologia de alto nível. E culminamos a vingança de Prometeu com a possibilidade da bomba atômica. Portanto, não é à toa que entramos no século XXI tendo você e eu de conversar de novo sobre pré-socráticos, isto é, sobre valores, sobre a vida.

MG: Exatamente. E é importante termos essa discussão.

Eu queria tocar de novo na questão do Prometeu sob outro ângulo, ilustrado tão claramente na história de Frankenstein, a questão da ética na ciência. Acho que aqui todas essas coisas vão se juntar de novo. Há um reencontro, no subtítulo do livro, em que Prometeu reaparece. Mas vamos deixar os detalhes dessa obra para mais tarde, quando falarmos sobre a questão da vida e da morte, na última parte. Por enquanto, focamos só em ética na ciência.

MSC: Lembrando que Frankenstein, você sabe muito bem, é o nome do cientista.

MG: Sim. O "monstro" era chamado de "criatura".

MSC: Isso. Jamais o Frankenstein é um monstro, o monstro é só um instrumento da maldade.

MG: É, e mesmo assim ele é uma vítima da ambição humana, mais do que uma entidade maldosa. Mas queria trazer o tema do livro para a era moderna também, fazer uma ponte com o passado.

MSC: Nunca saímos do passado.

MG: É, eu sei, mas podemos estar reinventando o passado. Como dizia Platão, todo pensamento é mera lembrança.

MSC: A teoria platônica é a da teoria da reminiscência. Todo o conhecimento resulta de uma memória que ficou obscurecida porque nós ganhamos um corpo. E a sua alma, sua parte imaterial, eterna, inamovível, contemplou a verdade no mundo das ideias ao ser encarnada como um castigo — que, aliás, vale a pena ler, no livro sétimo de *A República* — e ganhou um "cárcere", que é a matéria. Você só consegue se lembrar do mundo em que já esteve — no qual a verdade era visível — quando desencarna, quando "tira" o seu corpo. E a maneira de tirar, de fazer isso, é não se dedicar a atividades manuais. Por isso, a importância de ter ócio. O ócio só é garantido se alguém usa o corpo para fazer as coisas enquanto se dedica a ir em busca da verdade. De novo as coisas se juntam como tudo.

MG: Então, falando em verdade, agora seria o momento ideal para sairmos dos pré-socráticos. Vou até deixar de falar dos atomistas (se bem que sou um grande fã de Demócrito, como você pode imaginar) e avançar para Sócrates, Platão e Aristóteles. Com Sócrates, como disse Cícero, "a filosofia desceu dos céus e foi para os homens". O que aconteceu? De repente, a filosofia que antes estava preocupada com como funciona o mundo começou a se preocupar com a ordem da sociedade, com os valores éticos e morais dos homens. Houve uma transição profunda com relação a isso, certo?

MSC: Sim. Num primeiro momento, como mencionamos, a intenção era contemplativa, isto é, a cosmogonia. De onde vem tudo isso? Qual é a razão das coisas? O que é que influencia o movimento da vida? Num segundo momento, na cosmologia, há a necessidade de mexer no mundo e ver como ele funciona — é, portanto, uma preocupação operacional. À medida que aquela sociedade grega clássica se desenvolve e ganha um ardor econômico mais estruturado, há uma maior massa de escravizados, por conquista, por dívida, que vai fazer o trabalho de elevação da condição econômica. Com isso, as cidades-estados se configuram com a sua autonomia, e um problema vem à tona: o humano. Quem sou eu? Quais são os valores para se viver numa cidade, numa *pólis*? O que é uma pessoa virtuosa? Em um centro cujas ideias se dão de modo diverso, como é o caso da *ágora*, da praça pública onde, pouco a pouco, a parcela de comerciantes vai reivindicando que haja outra forma de decisão sobre quem manda, quem faz as leis e quem julga — aqui vemos a semente do que será chamado de democracia.

MG: Então, com o desenvolvimento do comércio e a consequente afluência da nova classe social que tem dinheiro e se antepõe à aristocracia, vem também a necessidade de uma revisão do poder, das regras que regem a sociedade. E, para termos regras eficientes, é preciso, ao menos a princípio, ter algum entendimento dos homens e de suas intenções e valores. Muito bom!

MSC: Toda a sociedade era estruturada, como era a Grécia no seu século V a.C., numa aristocracia. Ela ainda não tem o viés do que vai ser chamado depois de democracia ao modo grego clássico. É uma sociedade estruturada, piramidal, com uma base imensa de dois terços de escravizados, uma parcela de estrangeiros, de *metecos*, uma parcela de pequenos comerciantes, e um grupo no topo de proprietários de escravos e de terras que era uma elite. *Áristos*, no grego antigo, significa "os melhores". Toda sociedade, quando em disputa do poder político e econômico, tem dois grupos: o que é politicamente dirigente e o que é economicamente dominante.

O grupo politicamente dirigente nem sempre é o grupo economicamente dominante. É só observarmos, para dar um salto na história, a Revolução Francesa. O clima francês do Iluminismo é uma busca do grupo economicamente dominante, a burguesia francesa, para tirar do poder o grupo politicamente dirigente, a nobreza e a Igreja. Portanto, na Revolução Francesa, o grupo economicamente dominante, que tem o dinheiro, quer ser também politicamente dirigente. Esse grupo se alia ao povo — que não fazia parte de nenhum dos dois grupos — e derruba a monarquia. Claro que, quando isso acontece, a promessa de que o grupo que não era nem economicamente dominante nem politicamente dirigente também o seria foi retirada com Napoleão e suas tropas.

MG: O povo sempre paga o pato.

MSC: Voltando à Grécia, o grupo politicamente dirigente, proprietário de escravos, é a aristocracia da qual, por exemplo, Platão fazia parte, mas não Sócrates, que confronta o grupo que já começa a ser economicamente dominante, os comerciantes. A alternativa para a aristocracia será chamada de democracia. Como a democracia que se instalará será aquela do debate, e cada cidadão terá um voto, essa lógica trará uma questão séria como definir um cidadão. Teria que ser um homem com bastante idade e que fosse livre. Estrangeiros não participavam, nem escravos, nem mulheres, nem gente com menos de 35 anos, dependendo da cidade. Claro que quem sobrava como cidadão pertencia a uma faixa de 10% ou menos da população. Esses cidadãos eram aristocratas, proprietários de escravos e comerciantes. Na praça, onde as coisas eram discutidas, votadas e decididas, levava vantagem quem falasse melhor, isto é, quem fosse capaz de convencer melhor. Duas artes entram em cena: o falar bem, que é a retórica, e o convencer, que é a demagogia, mas não no sentido negativo de hoje, que é mais mentira do que o poder de persuadir o outro. E quem tinha tempo sobrando para se dedicar às artes da retórica era a aristocracia. O comerciante, queira ou não, vive com a barriga no balcão — quem teve na família gente assim sabe bem. Quem estava no negócio não tinha ócio. Ócio e negócio estavam ali ligados antagonicamente. "E o que isso tem a ver com Sócrates?"

MG: A palavra "negócio" é a negação do ócio.

MSC: Isso. Quem levava vantagem era a aristocracia, que tinha a *scholé*, que tinha o ócio e que, entre outras coisas, terá de se envolver num embate teórico sobre quem decide como estruturar a sociedade. É nesse momento que Sócrates entra no circuito com uma perspectiva de voltar-se para os valores humanos. O que é a coragem? O que é a bondade? O que é o belo? São questões absolutamente abstratas se comparadas aos interesses dos comerciantes. Aqueles pensadores que estavam ao lado dessa aristocracia, alguém como Sócrates ou Platão, e mais adiante, Aristóteles, terão uma perspectiva dominante. Já os filósofos ligados aos comerciantes foram chamados de sofistas, que era uma palavra ofensiva. Sofista seria "sábio", mas o sábio pejorativo, como já nos chamaram algumas vezes: "Ah, você é um intelectual." No meu caso, é pior ainda: "Ah, isso é coisa de filósofo." O que significa que não tem nada a ver com o mundo real.

Sócrates representa um pensamento focado na verdade, nos valores, no humano, sobre a política, e é chamado de nefelibata. Embora você tenha dito, com toda a razão, que Cícero fez a filosofia sair do cosmos e descer para o chão humano, ainda assim, é chamado de alguém que caminha nas nuvens, o nefelibata. A tal ponto que Aristófanes escreveu uma peça de teatro chamada *As nuvens*, em que a personagem principal é Sócrates, como alguém que ficava com a cabeça nas nuvens. Sócrates trouxe um problema político, mas cuja referência é epistemológica: "Onde está a verdade?" Se, num debate na *ágora*, alguém propõe um tema e nós o discutimos, enquanto outro sobe na tribuna, diz exatamente o inverso e as pessoas se convencem, onde fixar a estrutura para o edifício da verdade? Na razão? Mas a razão engana. O raciocínio pode nos levar a ter posturas que sejam quiméricas. É só olhar o debate numa assembleia ou numa comissão parlamentar de inquérito para ver o quanto opiniões diversas são colocadas na arena. Como encontrar a sede da verdade para concluir se algo é certo ou não? No campo da conduta? Do conhecimento? Da autopercepção? Mas os sentidos são enganadores.

MG: Sim, os sentidos são enganadores, como colocou belissimamente Platão na sua alegoria da caverna, também em *A República*, livro VII. Como basear nossa concepção da verdade, do real, nos nossos sentidos, que podem distorcer tudo, criando uma fantasia que chamamos de realidade? Ele optou por acreditar apenas na razão como guia para a verdade e para a perfeição das coisas. Como quando disse que o único círculo perfeito existe apenas na sua mente, a ideia de círculo; qualquer representação de um círculo no mundo concreto, um desenho, uma impressão a laser, será imperfeita. Platão foi para a abstração em tempos políticos complexos, quando Atenas havia perdido a Guerra do Peloponeso contra Esparta, e o mundo dele estava em caos... Isso mostra o quanto nossa definição de verdade depende do contexto sociopolítico em que vivemos.

MSC: Temos percepções que não correspondem à realidade. Se não é aqui, onde está a verdade? Se não é daqui, é sobrenatural, usando o termo latino. Se eu quiser usar o termo grego, que é a mesma coisa, ela é metafísica. Está além da natureza, além da *physis*. Aqui é apenas um lugar onde ela também desponta. Só tem um jeito: preciso ter acesso àquilo conectado com a fonte da verdade; que em cada humano é imaterial, imutável, a nossa alma. E aí, esse conceito, o *pneuma* entra em cena. Tenho uma corporeidade que coincide com a parte material do mundo e tenho algo que é imortal, imaterial, que não veio daqui. Como faço para chegar a essa verdade imaterial? Olhe para dentro: conhece-te a ti mesmo. E aí vem o foco no interior do humano — evidentemente, que de modo simbólico. E nessa hora a disputa pelo poder se junta à disputa pela verdade.

MG: E você tem também a implementação da dialética como ferramenta para chegar à verdade ou pelo menos a alguma forma de aproximação da verdade. A ideia de usar a argumentação contrapondo ideias opostas até chegar a uma conclusão em comum. (Ou não!) Isso é superimportante até hoje, mesmo porque faz parte de quem somos, não só na filosofia como em qualquer outro tipo de conversa. Sócrates foi um implementador, um incitador dessa dialética, e Platão era um dos jovens que ficavam ouvindo o mestre da dialética em praça pública. Como tantos outros jovens da aristocracia, Platão foi seduzido pelas ideias de Sócrates e resolveu seguir o caminho da filosofia, provavelmente muito a contragosto dos pais. Se não me engano, não era esse seu objetivo. Aliás, Platão significa "ombros largos" em grego.

MSC: Sim. *Platos*, um ombrão.

MG: Platão era poderoso. Esse é um bom momento para falarmos dessa transição, de como Sócrates influenciou essa juventude toda, em particular levando Platão, também no livro VII de *A República*, a criar um método pedagógico para educar o "filósofo-rei", o líder iluminado pela sabedoria. Essa intenção me parece ausente na educação moderna, de juntar vários tipos de conhecimento de modo a educar uma pessoa que é capaz de examinar a mesma situação sob várias perspectivas, a ideia do currículo do filósofo-rei de Platão. Ele realmente fala que você tem que saber filosofia, você tem que saber matemática, você tem que saber artes marciais, música, tem que ser um desportista para ser uma pessoa bem equilibrada. E como foi traçado o caminho da educação moderna? Parece que houve uma separação dos saberes por causa do Iluminismo. É no racionalismo que vem do Iluminismo em que ponho a culpa dessa divisão das duas culturas, a científica e a humanista, cuja reaproximação é um foco do meu trabalho. Em junho de 2021 organizei uma megaconferência nos Estados Unidos, trazendo pessoas incríveis como Peter Singer, um dos grandes filósofos da atualidade, John Haldane também, e vários cientistas de renome mundial para falar justamente dessa separação das duas culturas. Infelizmente, no foco estreito da pedagogia moderna, voltada à especialização numa microárea, nos esquecemos da importância fundamental de educar um cidadão tanto na área da tecnologia e das ciências quanto nas áreas humanas, explorando, principalmente, essa preocupação filosófica.

MSC: Primeiro, temos que retornar ao termo "dialética", que você usou, examinar seus sentidos diversos. Há uma dialética que pode ser identificada com Heráclito, pré-socrática, que é a percepção da inclusão dos contrários. Portanto, o movimento do mundo se dá por uma energia que é o confronto entre contrários que se inclui reciprocamente em vez de se excluir. Essa concepção dialética é a favor da mutabilidade constante, ideia não aceita na epistemologia, nem na compreensão cosmológica que será prevalente no período socrático. A noção de dialética em Sócrates será um pouco usada nesse sentido e apenas ganhará esse ar definitivo de debate de ideias diferentes a partir do mundo escolástico — portanto, muito mais tarde. Essa noção de dialética escolástica nasce com Tomás de Aquino, mas ele retoma Aristóteles; quem retoma Platão é Agostinho.

Parênteses, Marcelo. Uma coisa que lembro aos meus alunos é que precisamos de cautela com essa divisão histórica porque, por exemplo, quando falamos em filósofos medievais, e se pensa em Agostinho e Tomás de Aquino, estamos mais perto de Aquino do que ele próprio está de Agostinho. Tomás de Aquino viveu no século XIII e Agostinho, no século V. Quando dizemos que Platão influenciou Agostinho, e é verdade — o pensamento de Agostinho com *Cidade de Deus* e *Cidade dos homens* é o mesmo que o mundo das ideias e o mundo das coisas —, temos que ver que mil anos separam Agostinho de Platão. Agostinho é do século V e Platão, do século V a.C.

Ora, essa introdução é necessária para lembrarmos que a noção de Sócrates em relação ao conhecimento se dá por intermédio do diálogo, isto é, de uma dialética, mas de modo diferente daquilo que vamos entender mais adiante, inclusive em educação. O diálogo socrático parte do princípio de que o filósofo, o mestre, já sabe e o discípulo não lembra. A verdade que já está dada será trazida à luz pelo filósofo. O filósofo ilumina uma verdade obscurecida no discípulo, que o discípulo por si mesmo é incapaz de trazer à tona, e o filósofo tem um papel de trazer à luz. A maiêutica socrática, isto é, o parto das ideias, em larga escala, tem uma suposição de que o mestre já sabe, já está iluminado, e o discípulo nada sabe. E o diálogo é fazer com que você — vou usar uma expressão que faz sentido — que você "desasne". O discípulo vai "perder a asnice" de não entender que a verdade está ali dentro dele. Portanto, a concepção em Paulo Freire, para pegar um educador contemporâneo, é muito diferente da concepção do diálogo em Sócrates. No diálogo freireano, ambos sabem coisas, trocam e crescem; no diálogo socrático, o mestre já sabe e o discípulo vai ser iluminado. Aliás, toda vez que se conta a história do mito da caverna, que você mencionou, normalmente quem conta acha que já saiu da caverna.

MG: Eu não. Sempre celebro a humildade de não saber e a importância de aceitar essa nossa ignorância perene. É o primeiro passo para sairmos da asnice.

MSC: Nós temos de lembrar que Sócrates nada escreveu. Tudo que conhecemos dele nos veio por intermédio de Platão, seu discípulo, ou de seus críticos. Como mencionei, Aristófanes fez uma peça de teatro, uma comédia, contra Sócrates. Nesse sentido, o que nós chamamos de pensamento socrático se mescla com o pensamento platônico. É muito difícil fazer uma distinção. Aliás, até o século XIX ainda se discutia se Sócrates de fato existiu como personagem histórica ou se era uma invenção de Platão tal como, daqui a alguns séculos, vai se imaginar se Odorico Paraguaçu existiu ou se é uma mera personagem literária. Ora, isso é importante para lembrar que quando escreveu *A República*, Platão quis ter uma percepção política, um modo de organizar uma sociedade com um dirigente iluminado, um rei-filósofo, um filósofo-rei. Uma segunda camada é a dos soldados e artesãos, e aqueles que trabalham na produção agrícola e na produção material no terceiro bloco. Operários, militares e filósofos ocupam seu lugar. Se cada um executar sua função, tudo seguirá. Por que Platão levanta a alegoria da caverna? Porque é coerente com sua concepção epistemológica sobre a fonte da verdade e a presença da verdade neste mundo. Na concepção platônica, esta realidade que nós temos, este mundo em que nós estamos, ele é quimérico, uma mera cópia, uma representação de um mundo ideal, perfeito, imaterial, que é o mundo dos deuses, que ele também chama de mundo das ideias, como você mencionou, no sentido de mundo das essências. A expressão *eidos*, no grego antigo, tanto significa a possibilidade latina de ideia como de imagem.

MG: Sim, essa separação entre duas realidades, um dualismo entre dois mundos, das ideias e o dos sentidos. Um perfeito, o outro longe disso.

MSC: Exato. Uma realidade, que é o nosso mundo material, imperfeito, contingente, passageiro e ilusório, e o mundo das essências, das verdades, das ideias. Esse mundo das ideias, onde fica? Não "fica" porque, se ele é imaterial, não ocupa lugar. Então a pergunta não se aplica. Esse mundo das ideias existe por quê? Porque assim é. Essa razão é a clássica resposta de Javé a Moisés: "Eu sou o que sou." Mas é o quê? "Eu sou o que sou" porque se não tem predicado, você é essência pura. Quando pergunto "Marcelo, quem é você?" e você responde, está me dizendo que não é todo o resto que podia ser. Se você me respondesse "eu sou o que sou", você seria a essência pura. É puro sujeito, em que o predicado não existe; o predicado é o que dá a diferença. Nós, humanos, fomos encarnados; nossa alma foi encarnada. Por que foi encarnada? Olha como é que isso junta com outros: porque desviamos do caminho certo. Saímos da ortodoxia, do caminho reto, a nossa alma se desviou. Platão usa, inclusive, uma noção muito clara. Você mencionou uma biga anteriormente; Platão fala que nossa alma vive no mundo da perfeição e é como uma biga conduzida por um cavaleiro (isso depois vai desaguar na alegoria da caverna). O cavaleiro, o condutor, é a razão; um dos cavalos, os sentidos; o outro cavalo, os prazeres. Ao condutor cabe não deixar a alma se desviar. Enquanto está contemplando as verdades, nem você pode ir para o mundo dos prazeres, porque, se o cavalo ganhar dominância, tudo desvia para lá, nem pode ir para o mundo dos sentidos. Cada vez que a sua alma fez isso, você é encarnado, ganha um cárcere chamado corpo. Esse corpo obscurece, obnubila a nossa capacidade de visão daquilo que é verdadeiro, essencial; ela fica bloqueada. Você, neste mundo, assim como eu, estamos aqui primeiro por castigo; segundo porque precisamos ter aqui nesta vida a nossa ocasião, a nossa chance de merecer ficar de novo no mundo das ideias de modo mais contínuo. Não esqueçamos que Platão acredita em reencarnação. Não ao modo kardecista, que é de base céltica, mas ao modo órfico, dos persas. Ora, se você aqui está, você tem uma tarefa, que é libertar-se da obscuridade. Agora voltamos à alegoria da caverna. Este mundo que nós vivemos é ilusório.

Parênteses: Platão desprezava pintores, escultores...

MG: E poetas.

MSC: E poetas. Mas por quê? Se este mundo é uma cópia, um pintor faz a cópia da cópia, certo? Portanto, ele chega à representação da representação ou ao simulacro do simulacro. Nesse sentido, é preciso capturar a essência da realidade. Ela não está na nossa frente, mas nas nossas costas, isto é, não está naquilo que eu vejo, mas naquilo que é invisível aos olhos, como lembrou Saint-Exupéry, citando Platão, de modo magnífico, sem mencioná-lo, em *O pequeno príncipe*. É aquilo que no mundo hebraico se chama de *inefável*, que não pode ser dito.

MG: Você falou de *O pequeno príncipe*... É quando a raposa fala sobre o amor, não é? Que o essencial é invisível aos olhos.

MSC: A alegoria de Platão é magnífica porque dá dois alertas. O primeiro: cuidado com o simulacro. Muito do que você vê — no caso, para Platão, tudo que se vê — é uma mera representação, portanto quimérico. E é preciso ter atenção com a ilusão. O que nós estamos vendo é como se estivéssemos no fundo de uma caverna, amarrados uns aos outros, de frente para o fundo e de costas para a entrada. Atrás de nós passam as coisas reais que fazem sombra com a luz do sol pela entrada da caverna. Isso projeta uma sombra na parede; assim, confundimos a sombra com a realidade. Por isso, é preciso que sejamos capazes de tirar as correntes do corpo, virar para a entrada e, ao sair da caverna, nos libertar. Aliás, o famoso filme *Matrix* explora isso, no momento em que se oferece ao herói a escolha entre duas pílulas: aquela que vai permitir que ele lute contra a ilusão ou aquela que vai permitir que permaneça iludido. Aliás, *Matrix* é baseado em *Alice no País das Maravilhas*. O filme começa com o herói Neo lendo na tela do computador: "Follow the white rabbit." [Siga o coelho branco.] Quando saímos da caverna, a luz (da sabedoria, metaforicamente) nos deixa cegos. A tendência é voltarmos para a caverna.

MG: O medo do novo, do inusitado, da verdade revelada pela luz do conhecimento, o medo do mergulho nas profundezas da realidade que existe e que não vemos. O terror da visão divina.

MSC: Ao se deparar com a verdade, agora usando um conceito religioso, ela é terrível. Só pouco a pouco os olhos vão se acostumando com a luminosidade. E, ao ver as coisas que são como são, o seu dever ético é voltar para a caverna e dizer para as pessoas: "Isso não é assim. Isso que estamos vendo aqui, em que acreditamos como verdadeiro, isso é o que se fosse agora, os gregos chamariam de fake news. Portanto, precisamos nos libertar e ir viver na 'realidade real', não na 'realidade fantasiada', ilusória, quimérica." Platão nos alerta sobre duas coisas: primeira, ficar atento para não se contentar com as aparências; segunda, em uma alusão ao seu mestre Sócrates e sua condenação à morte pela liderança aristocrática de Atenas (ele foi forçado a se envenenar), ele diz que aquele que procura iluminar poderá ser agredido, poderá ser morto, porque a verdade vos libertará. Essa é, também, a crença dos cristãos, por meio de Jesus de Nazaré, mas ela é incômoda. É o abismo nietzschiano. E, claro, voltando ao que você já mencionou, a alegoria da caverna traz também uma concepção de conhecimento. Ela tem uma base epistemológica de que o mundo é ilusório. Um aluno de Platão, que você conhece bem, chamado Aristóteles, construiu uma teoria do conhecimento contrária à platônica. Para Platão, a verdade não está neste mundo. Para Aristóteles, é neste mundo que ela está. Ela não veio deste mundo. Nisso, ambos coincidem. A fonte da verdade é sobrenatural, mas a maneira de chegar à verdade em Platão é chegar ao que está dentro, e ao modo do Aristóteles, é chegar ao que está fora. Aliás, na porta da escola de Platão chamada Academia, estava escrito: "Que não entre aqui quem não souber geometria."

MG: Pois é, exatamente. E interessante essa sua colocação porque, de certa forma, a ciência é um método de não se deixar levar pelas aparências, ao menos dentro do que a ciência pode nos revelar do mundo, aquele conceito de ilha do conhecimento que exploramos. Essa ideia de você amplificar os sentidos para que possamos ver mais do que nos é imediatamente aparente, de modo a enxergar uma realidade mais profunda do que vemos aqui — esse é o caminho de Aristóteles. Olhar para o mundo que podemos captar com nossos sentidos e tentar entender os mecanismos por trás dos fenômenos.

MSC: E se você olha essa projeção que Platão fará em relação a Sócrates e sua condenação, ela vai se refletir em outros momentos da história em que Platão não estava mais. Dos vários e várias que foram condenados, perseguidos pela sua concepção de mundo, o exemplo mais clássico é o de Galileu. Mas ao contrário de Sócrates, Galileu decidiu não morrer e continuar produzindo e escrevendo.

MG: Sim, Galileu é visto como sendo um mártir da ciência, um visionário que se contrapôs aos dogmas do cristianismo de sua época, baseados na visão de mundo aristotélica. Os heróis de cada época vão mudando, cada qual com sua missão, muitas vezes contrariando aqueles que vieram antes. Galileu riu por último, continuando a trabalhar secretamente após sua condenação pela Inquisição, enquanto seus discípulos contrabandeavam seus livros para fora da Itália. E foi assim que nasceu a física moderna, que irá influenciar mentes como Descartes e Newton.

MSC: Não é casual que Charles Darwin tenha atrasado algumas décadas a publicação daquilo que tinha concluído com sua teoria da evolução. Ele imaginava já o tipo de, como a gente diz no Pará, de "furdunço" quando aquelas colocações viessem à tona.

Mudando um pouco de assunto, vemos uma contribuição da pedagogia platônica muito usada no mundo ocidental e que acabará com uma contribuição negativa, que é imaginar que a verdade já está dada, que é de posse de quem está iluminado — no caso, o mestre. E a maneira de quem não é mestre de ter acesso ao conhecimento é a memória. Por isso, vemos toda a sistemática de ensino de memorização. Esse tipo de prática, basicamente uma herança europeia, será quebrada na pedagogia a partir da Igreja reformada, com uma outra discussão teológica que vai interferir na filosofia e no aporte da discussão técnica na Inglaterra e, depois, nos Estados Unidos, em que a concepção será mais aristotélica na educação, isto é, você não nasce sabendo. Você tem que mexer no mundo para aprender as coisas.

No Brasil, acabamos com uma combinação das duas, mas com a memorização prevalecendo. É preciso mexer no mundo, ter feira de ciências, aprender por projetos, aprender fazendo. Com 13 para 14 anos de idade, no meu livro de física, e lembro dele até hoje, eu tinha que entender uma experiência. Eu lia sobre a experiência no meu livro de capa verde-clara, que eu chamava de verde-mecônio, que é o nome do cocô de recém-nascido. Ler sobre experiência é a mesma coisa que imaginar que você emagrece vendo alguém fazer ginástica na televisão. A leitura sobre a experiência em vez da experiência em si. Sócrates diria, e Platão também: "Mas por que fazer a experiência se a verdade já está dentro de você?" E Aristóteles diria: "Bom, mas você vai encontrar a verdade no mundo, não em você." Essa diferença entre o racionalismo platônico como uma linha na história ocidental e o empirismo aristotélico vai definir as várias correntes que virão depois. Agostinho deságua no racionalismo platônico; Tomás de Aquino, no empirismo aristotélico.

Você talvez conheça um grande sociólogo brasileiro já idoso, professor titular da USP, José de Souza Martins, um homem especial. Ele tem um livro, já antigo, com mais de quarenta anos, chamado *Tio Patinhas no centro do universo*, em que faz uma análise do pensamento das histórias de Walt Disney. E uma das coisas mais interessantes é o quanto o *Manual do escoteiro-mirim* — lembra do manual do escoteiro, dos três sobrinhos do Pato Donald, Huguinho, Zezinho e Luizinho? — só existe porque você considera que o pensamento da verdade já está pronto. Aquele manual é fechado. Tudo já está contido ali, tudo que você precisa está ali dentro. Basta segui-lo. Quem faz bobagem, uma atrás da outra, é o Donald, porque ele é tonto e não segue o manual. E o Peninha, que é atrapalhado, porque o Peninha é um Sócrates reencarnado, que quer pensar com a própria cabeça. Tudo que ele faz a história mostra que dá errado. A única maneira de fazer as coisas darem certo é seguir o manual. Siga o manual, siga o mestre.

MG: Na pedagogia moderna, então, precisamos de um manual com um monte de folhas em branco no fim, para que o aluno possa acrescentar suas informações e suas experiências, o que vai aprendendo não só seguindo o manual, mas explorando o mundo com a cabeça aberta e muita curiosidade. E, claro, adicionar o ensino dos vários conhecimentos científicos e humanísticos, sem ficarmos isolados num silo só. Como estamos fazendo aqui!

MSC: Essa incorporação do movimento do conhecimento e, portanto, a retirada da percepção estática do conhecimento é algo que a escolaridade formal precisa trazer. Aquela noção de que o mestre falou e, portanto, usando aí a crítica freiriana, de que o mestre é alguém que faz "depósitos" na cabeça do aluno, e que a prova é um "saque" que ele faz para ver se tem fundo ou não, a chamada *educação bancária*, perde sua força. Vemos então os grandes embates: Platão com o racionalismo e Aristóteles com o empirismo, Agostinho e Descartes com Platão, Tomás de Aquino e Francis Bacon ao lado de Aristóteles. E Kant tentando resolver a encrenca socrática original. Se o pensamento sozinho não chega à verdade e a observação do mundo também não, o que fazer? Aí ele separa. Entra aquilo que está do lado de dentro, que é *a priori*, e que está do lado de fora, *a posteriori*. Aí, dando um passo adiante, chega Hegel e diz que não é bem assim, as coisas também têm movimentos de inclusão e exclusão que vão gerando o novo. Antes dele, numa discussão que você conhece bem, David Hume diz que não temos como dizer que há uma relação de causa e efeito na realidade. Só de antecedência e sucessão.

MG: Nessa parada da filosofia que você está traçando, vale mesmo lembrar das ideias de Hume e Francis Bacon sobre os limites da indução. Hume dizia algo como "nada garante que o sol vá nascer amanhã". Essa certeza que temos de que isso ocorrerá é apenas justificada pela sucessão, como você diz. O sol vem nascendo há mais de 4 bilhões de anos e deverá fazer o mesmo amanhã. Sim, *deverá*, mas não há certezas, apenas expectativas baseadas no conhecimento experiencial acumulado ao longo dos anos. Tiramos conclusões do que observamos e fazemos extrapolações a partir disso; em geral, funciona muito bem, mas sem garantia de sucesso sempre.

MSC: Ora, esse embaralhamento faz com que a física no século XX, especialmente, se aproxime da poesia com seus modelos que conseguem representar uma realidade que é múltipla.

MG: Sim, por exemplo, na dualidade partícula-onda, onde toda a matéria pode se manifestar como partícula — limitada no espaço — ou como onda — que se espalha pelo espaço.

MSC: E a escolarização ainda não atingiu muito essa percepção porque não é criativa, é repetitiva. O famoso choque epistemológico não vem à tona com uma escolarização assim. A tal ponto que o antropólogo e educador da Universidade Federal de Ouro Preto, Tião Rocha, diz que não é por acaso que se chama "grade curricular" quando falamos de organização de ensino. Ele não fala em escola formal, fala em "escola formol", que é aquela que mumifica conhecimentos.

MG: Entendo. Que ideia crítica incrível essa, formol, que conserva cadáver e educação. Muito interessante essa colocação, não conhecia. Mas é triste.

MSC: A "grade curricular"; quem toma conta dos alunos é chamado de "inspetor", que é um termo francês e britânico; e quem cuida das escolas da região é a "delegacia de ensino". Esse é um modelo francês, um modelo napoleônico de organização da educação.

MG: E "rede" nunca é usado?

MSC: Vez ou outra.

MG: Rede como se usa para pescar peixe, que funciona também como uma grade, algo que aprisiona. A rede de ensino...

PARTE IV

Sobre a ética, a morte e o saber viver

MARCELO GLEISER: Então, nós discutimos um pouco algumas ideias importantes da Grécia Antiga, a preocupação tanto com a ordem das coisas da natureza como com a ordem do espírito humano e como se comportar politicamente na sociedade.

Eu queria agora avançar um pouco a nossa conversa numa direção um pouquinho mais existencial. Falar sobre a questão da vida, da morte, do viver e do morrer... Sei que você escreveu vários livros sobre a questão do que que significa viver bem e o que a filosofia tem a nos dizer sobre o que eu chamaria de a "boa vida". Em vez de "autoajuda" eu chamo esse lado da filosofia de "alta ajuda", no sentido de ser uma ajuda de alta qualidade, talvez a preocupação mais essencial da filosofia tradicional, historicamente focando em como viver de uma forma que obviamente não é imune à dor. E, a propósito, uma das escolas de pensamento que ainda não mencionamos se dedica exatamente a isso, que é o estoicismo. Nos Estados Unidos, os estoicos estão na moda, especialmente a questão da inevitabilidade de muitas das coisas que acontecem ao longo da vida de cada um de nós: como você deve aceitar com dignidade aquilo que não pode controlar (por exemplo, se está chovendo ou não), mas saber escolher com sabedoria como reagir ao que não pode controlar (por exemplo, ficar molhado ou levar um guarda-chuva). O exercício da liberdade está na nossa reação ao que não podemos controlar, pois essa sim, em geral, ao menos, está sob nosso poder. Seria ótimo se a gente conversasse sobre isso, Mario Sergio, eventualmente voltando à questão da ciência e sua relação com o medo da morte. Já falamos um pouco sobre Frankenstein, a ideia do controle do que a ciência deve ou não fazer e seus limites éticos, enfim, até que ponto a ciência pode ou não controlar a nossa fragilidade humana, e se deve fazê-lo. Temos uma conversa boa pela frente.

MARIO SERGIO CORTELLA: Primeiro ponto, eu insisto com frequência, a ciência, especialmente a medicina, é antinatural. E o ser antinatural não significa ser contra a natureza, mas enfrentar aquilo que, na natureza, seria um curso evidente, que a ciência, no entanto, procura interromper. A última fronteira dessa interrupção é a nossa mortalidade. Seria natural se um de nós, agora, tivesse um desconforto forte na área abdominal, começasse com sudorese, com uma sensação de opressão sobre o peito, com uma ânsia de vômito muito forte, com uma febre altíssima. Com esses sintomas, seria uma possibilidade grande de estar, por exemplo, com uma inflamação no apêndice. E qual seria então o curso natural? Perecer. Ter uma septicemia, deixar a natureza seguir seu curso. Porém, com a ciência, desejamos interromper esse curso. Para isso, fazemos algo completamente não natural: uma incisão no ponto de McBurney, puxando uma parte do apêndice, retirando, suturando e fechando outra vez, deixando a pessoa em repouso. Isso é antinatural. Claro que, insisto, não é uma agressão à natureza, mas uma mudança daquilo que a natureza colocaria como algo que alguns chamam de as leis dela mesma. Portanto, essa fronteira final, que é a nossa mortalidade, é, sim, uma procura da ciência de como lidar com a nossa finitude.

De certa maneira, o século XX, com a exuberância tecnológica, e mais ainda agora, no início do século XXI, permitiu essa ideia de que a morte seria quase uma ofensa. Haja vista que, quando a pandemia da covid-19 se espalhou pelo mundo em 2020, ficamos com raiva porque ela perturbava a ordem em que estávamos. Não imaginávamos que haveria alguma coisa que nos tiraria de nossa vida, nossos consumos, nossas viagens. E, de repente, um ser que nem é considerado um ser vivo, um vírus, violou nossa forma mais ordenada de vida, colocou parte da ciência no seu lugar e apontou para uma arrogância muito forte da nossa parte em relação ao nosso lugar e ao nosso poder. E, claro, trouxe de novo uma reflexão mais densa sobre vida e morte coletivas.

MG: A pandemia nos lembrou, ou deveria ter nos lembrado, que, apesar de toda a nossa inventividade e tecnologia, todo o nosso conhecimento, jamais podemos nos colocar acima da natureza. Somos parte dela, e é ela que, no final, tem a voz mais forte. Essa fragilidade humana, essa consciência da nossa finitude, é ao mesmo tempo uma bênção e uma maldição. *Maldição* porque a perda é dolorosa, difícil, muitas vezes irreparável — a morte, claro, sendo a perda final e definitiva. *Bênção* porque essa finitude da vida é o que nos permite celebrá-la, viver com o senso de missão que a vida nos pede. O sofrimento todo que a pandemia causou deveria nos lembrar que viver é um privilégio. Durante a peste negra, no século XIV, tanto Petrarca quanto Boccaccio escreveram sobre a inevitabilidade da perda e a importância de valorizarmos o ato de viver. Espero que as pessoas, certamente nossos leitores, se deem conta disso.

MSC: Fazia algum tempo que não vivíamos essa perspectiva. A última vez que isso veio à tona para nós com uma força maior foi logo nos primeiros cinco anos que sucederam o uso da bomba atômica, em agosto de 1945, em Hiroshima e Nagasaki. Porque, até as duas primeiras bombas atômicas, cada pessoa tinha temor da sua morte individual e dos seus próximos. No entanto, num mundo hiperdimensionado, hiperconectado, a guerra atômica passou a ser a possibilidade de extinção da espécie. Com o fim da União Soviética e da ameaça coletiva, exceto sobre questões ligadas a usinas de urânio e outros confrontos, as coisas se acalmaram um pouco e passamos a nos interessar por outras lógicas. Como você lembrou, a pandemia iniciada em 2020 nos retornou à percepção da nossa fragilidade. E essa percepção ressuscita determinadas ideias filosóficas, como o estoicismo, que indica ao modo ocidental de que é melhor sofrer com o inevitável, isto é, que você não tenha nenhum desconforto com aquilo que está fora da sua capacidade de controle. Não é a anulação da liberdade, não é o exílio do livre-arbítrio, mas é a necessidade de uma calma em relação à ideia de que é melhor, dada a nossa mortalidade, para que tenhamos menos sofrimento, que possamos ser capazes de controlar as nossas paixões, e que esse controle seja com o pensamento.

MG: Muito bom mencionarmos os estoicos no contexto da pandemia, especialmente com relação às escolhas que as pessoas têm liberdade de fazer. Por exemplo, sou livre para tomar ou não a vacina, para usar ou não uma máscara, mas temos que entender como o exercício dessa liberdade afeta as pessoas ao meu lado. Até que ponto ser livre, aqui, não implica assumir a responsabilidade de proteger as pessoas com quem interajo? Agir sem esse cuidado em relação ao outro é um exercício de egoísmo, não é altruísmo.

MSC: Esses pontos aparecem com Sêneca e, mais tarde, nos escritos de Marco Aurélio e estão relacionados com uma moda dos anos 1970 e 1980 do movimento hippie, herança dos anos 1960, com as religiosidades orientais: as práticas ligadas à meditação, o uso da homeopatia, da ioga, tudo aquilo que nos dá certa ideia de paz. Não lute com o inevitável. "Mas essa é uma proposta conformista", pode-se dizer. Um estoico responderia: "Não, essa é uma proposta realista."

MG: Exato. E aqui entra a questão da boa vida, de como se deve viver bem.

MSC: Sim. A vida boa é a vida estoica, a vida acalmada, à procura da serenidade, do afastamento de uma turbulência que, mesmo estando à minha volta, precisa ser abstraída. Parte das correntes filosóficas dirá que não. O próprio Nietzsche diria. Você sabe que o cristianismo tem uma força estoica muito forte. O cristianismo nasce como uma religião sem teologia. A pregação cristã original com os discípulos de Jesus, que eram pescadores iletrados ou estrangeiros, só será elaborada por Paulo de Tarso, que havia estudado parte da filosofia, inclusive falava grego. O cristianismo tem uma presença do estoicismo muito forte, e, algumas pessoas dizem, também há influência do budismo. Não há relato sobre a vida de Jesus de Nazaré entre os 14 anos de idade e os 30, e se especula que desapareceu porque foi viver na Índia e lá absorveu algumas ideias do budismo, que juntou com a influência maior do estoicismo. Nietzsche diria: "Isso é submissão ao religioso, em que o poder do humano fica diminuído." E o "além-homem", como dizia Nietzsche, tal como está, dá a possibilidade daquilo que em nós é a vida virtuosa. Já Aristóteles dirá que a vida boa é aquela que segue a virtude e procura também o bem coletivo — a política, a felicidade, a *eudaimonia*. Platão dirá que a vida boa é a que vale a pena ser vivida. E essa vida, segundo ele, é a que você vai em direção à fonte original da verdade.

MG: Uma coisa não exclui a outra. Um estoico não é uma pessoa passiva, que fica só contemplando o mundo em busca de paz interior. Pelo contrário, ser estoico envolve ser atuante no mundo e se definir através das suas ações, certo? Eu sou um grande fã do estoicismo, aliás. E do budismo.

MSC: Haverá uma oscilação em relação a essas convicções. Uma vida com *ataraxia* tem a sua presença como forma de serenidade, de harmonia. Ou temos uma vida de combate ou uma vida de aceitação, que nos coloca numa passividade. Por exemplo, a noção clássica grega, especialmente de Sócrates, como aparece no relato do seu julgamento e, depois, suicídio, num diálogo de Platão maravilhoso, uma das obras que nenhum ser humano pode deixar de ler, que é *Fédon*. É nesse diálogo, *Fédon*, que se fala daquilo que construirá a noção de reencarnação no Ocidente: a alma, que permanece, uma vida que não finda com o apodrecimento da materialidade. Mas podemos também imaginar que toda a filosofia carrega uma noção de que a vida não tem um sentido pronto já atribuído. Por isso, não é um discurso unívoco. Gosto de colocar a expressão "sentido da vida" sempre entre aspas porque a própria noção de sentido é polissêmica. Afinal, é um sentido que se constrói ao viver, como na percepção existencialista de um Sartre, de um Jaspers, que diz que não há um sentido anterior, que você vai elaborando à medida que existe. De qualquer forma, somos um ser que não apenas vive, mas pensa o próprio viver. E isso nos agonia, isso nos angustia, porque seria mais prático se a natureza fosse vitoriosa o tempo todo e não precisássemos pensar sobre isso. Talvez fosse menos digno, menos livre, mas seria mais prático.

MG: Eu diria que é interessante essa colocação porque a própria noção de inevitabilidade não é uma coisa rígida. O que era inevitável antes pode não ser mais inevitável hoje. Por exemplo, na Grécia Antiga, se você tivesse apendicite, certamente morreria. Era inevitável. Mas agora, você não morre porque uma cirurgia simples salva a sua vida. Claro, sempre supondo que se tem acesso a uma medicina moderna, o que nem sempre é verdade. A questão do diálogo entre o que é inevitável e a capacidade científica de redefinir o que é inevitável é muito interessante, porque leva à questão do poder, aliás, nos fazendo retornar à questão do Prometeu: até onde aquele fogo que ele nos deu é capaz de avançar, de conquistar o que seria inevitável? Isso posiciona a ciência como detentora de poder. E é esse poder que, às vezes, faz com que pessoas duvidem da ciência. Não pelo que ela faz, mas por ela exercer um controle sobre suas vidas. Especialmente quando a ciência se alia com o Estado. Veja, por exemplo, pessoas que não adotam certas medidas científicas porque vêm de cima para baixo, do governo que impõe medidas de saneamento que as forçam a fazer coisas que não querem. Então viram antivacina, porque não querem que alguém diga a elas como viver suas vidas, o que devem ou não fazer, e quando, como injetar uma substância no corpo cuja ação está além do seu controle. Elas confundem liberdade individual com responsabilidade social e acham que o ato de escolher não tomar a vacina é um ato de liberdade, de rebeldia, quando, na verdade, é um ato egoísta que ignora a vida das pessoas a sua volta, que podem ser contaminadas por sua escolha antissocial.

O que nos leva a um ponto extremo interessante, que é o final da história, isto é, o inevitável que é de fato inevitável, que é o momento final, o embate entre a ciência e a morte, que, aliás, é uma conversa bem antiga. Isso me faz pensar nos alquimistas que buscavam a pedra filosofal para alcançar a imortalidade, ou outras formas de se usar a ciência, mais antiga ou moderna, para tentar "driblar" a morte. Já mencionamos isso um pouquinho aqui, mas queria voltar ao assunto porque, para mim, torna necessária uma distinção entre o "sentido da vida" e o "significado da vida", expressões que são usadas meio misturadas, em português, pelo menos. "Sentido" passa uma ideia de direção, para onde vamos, as escolhas que fazemos e nossas ações, enquanto "significado" tem mais a ver com legado, aquilo que é criado e tem impacto na vida das pessoas, no mundo. E aqui, voltando à questão do poder da ciência nessa questão de vida e morte, muitos cientistas e mesmo o público em geral adotam uma postura que acho tão incorreta quanto perigosa, que é a atitude da ciência heroica, conhecida por cientificismo, a crença de que a ciência pode resolver todos os nossos problemas, do aquecimento global à nossa mortalidade. É tudo questão de tempo, dizem. Em breve chegaremos lá. É apostar na ciência como nossa única salvação dando a ela uma dimensão religiosa, uma fé cega.

E aqui vamos voltar a *Frankenstein*, que é um exemplo perfeito e genial sobre isso. Tem pouco mais de duzentos anos que foi publicado o grande clássico de Mary Shelley, o primeiro romance de ficção científica de verdade, em que o impacto moral foi e ainda é muito profundo. O livro examina os usos e abusos da ciência, até onde a ciência pode ir. E o título completo do livro, que pouca gente conhece, é *Frankenstein ou o Prometeu moderno*, porque a ideia é justamente esta: será que a ciência pode vencer a morte? E, se puder, será que deve? Mary Shelley usou a ciência de ponta de sua época, a descoberta de que os impulsos nervosos eram elétricos. Os italianos Luigi Galvani e Alessandro Volta mostraram como correntes elétricas passando por nervos afetam músculos, como se nossos corpos fossem uma grade elétrica. E a especulação era que a eletricidade era o segredo da vida. Shelley assistiu com seu marido Percy Shelley e o poeta Lord Byron, na Royal Institution,* a uma demonstração ao vivo de um sapo morto sendo eletrocutado e se movendo. Daí veio a inspiração do livro. Se isso fosse verdade, a eletricidade seria o segredo da vida e da morte. E o livro pergunta: será que uma corrente elétrica pode reanimar um cadáver? Se fosse possível, deveria ser feito? "Poder fazer" não é o mesmo que "dever fazer". É aqui que essa conversa fica bastante interessante e essencial para os dias de hoje.

MSC: Voltando a quem recusa a vacina sob o argumento de que não vai colocar no corpo algo que não sabe o que é. Quando encontro alguém assim, pergunto: "E você come salsichas?" Porque isso tem um impacto. Não quero nem voltar à clássica definição alemã de que se os homens soubessem como são feitas as leis e as salsichas o mundo seria muito diferente. Mas quando pensamos em alguém que confronta

---

* The Royal Institution of Great Britain, fundada em 1799, é uma organização dedicada à educação e investigação científicas situada em Londres. (*N. do E.*)

preceitos da ciência, isso não indica necessariamente uma postura negativa. Afinal, a ciência não é invulnerável. Ao contrário. Ela tem de ser, sim, objeto de crítica, de análise, de confronto. O problema é que muitas vezes esse confronto é feito com a utilização não de outra ciência, com base, estrutura, método, mas com a não ciência. E aí, claro, não há como fazer todo um processo de depuração crítica se você usa o não argumento como forma de argumento.

Prosseguindo naquilo que se chama de negação das evidências, há um pensamento que gostaria de retomar: todas as pessoas que hoje chamamos de negacionistas quase sempre o são em relação àquilo que é improvável. Por exemplo, a Terra é plana. Não tenho como provar isso. Se você fosse um terraplanista, eu teria de tirá-lo do planeta para provar o seu erro, provar no sentido visual, empírico, imediato. Como não dá para fazer isso, você pode continuar dizendo que a Terra é plana. O mesmo ocorre com o argumento de que a vacina faz mal. Teríamos que deixar de vacinar uma geração inteira para ver o que acontece. E como não dá para fazer isso...

MG: Posso colocar uma coisa?

MSC: Claro.

MG: Já que você tocou na questão do terraplanismo, há uma maneira empírica de provar que a Terra não é plana. É bom colocar isso na nossa conversa, para as pessoas saberem o que Galileu já havia argumentado a esse respeito em um de seus livros.

Enfim, se a Terra fosse plana, ao ver um navio se aproximando do horizonte em direção à praia, você perceberia o navio inteiro bem pequenininho e ficando cada vez maior à medida que vai se aproximando. Mas, como a Terra não é plana, quando um navio se aproxima da praia vindo do horizonte, vemos primeiro o mastro e depois é que se vê o resto. Como um carro que sobe a ladeira vindo do outro lado. Vemos a capota antes das rodas... O que me diz? Basta isso para entender, e podemos até simular isso pondo a mão atrás da cabeça e então movê-la em direção à testa. Primeiro aparecem os dedos de cima, depois o resto.

MSC: Mas não funciona para muita gente...

MG: É porque não querem pensar.

MSC: Infelizmente. Mas a minha preocupação com essa questão é pedagógica, independentemente disso. Todas as vezes que encontro um negacionista, meu primeiro passo, porque sou da área de educação, é entender quais são as razões daquela "desrazão", isto é, como faço para, em vez de tripudiar — o que dá vontade e às vezes a gente faz —, ser capaz de lidar com aquilo. E eu lembro isso porque a ciência é aterradora e encantadora. Quando Mary Shelley faz um cientista construir um ser, ela faz um *homem*, certo? Olha que coisa maluca. Não quero entrar aqui em Freud, que nem estava produzindo ainda na época, mas a ideia é que você é um monstro.

MG: Esse é um excelente ponto. Afinal o homem "fazer um homem" é transformar o homem em Deus, em criador. O que, aliás, é o problema ético da engenharia genética, que nos dá o poder de "brincar" com a vida.

MSC: A noção da monstruosidade e a do encanto caminham conectadas. E a ciência é monstruosa e encantadora. Uma das cenas de cinema mais representativas dessa percepção da ciência como ameaça, como destruidora dos nossos sonhos, aparece no filme de Steven Spielberg *E.T., o extraterreste*. Uma obra maravilhosa, que conta uma lenda sobre amizade, afeto e sobre o fato de que nós não estamos sozinhos no universo, que existe "companhia", como no gesto de Michelangelo no teto da Capela Sistina — alguém que vai encostar o dedo em você em algum momento. O filme, que é de 1982, mostra o cientista como ameaçador. A cena mais horrorosa, que faz qualquer criança e até adulto entrar em estado de terror, é quando vão chegando as vans, as viaturas e a polícia, que já são uma forma de representar o perigo. Mas vêm também os cientistas com uniformes de saneamento, tubos, tendas, ferramentas, instrumentos. O "monstro" assusta, mas o monstro salva. Essa é a mesma imagem das tendas, das roupas, dos tubos que a gente quis ver durante a pandemia para nos salvar, isto é, para ser capaz de nos proteger de uma contaminação que poderia ser fatal.

MG: Costumo chamar essa polaridade de o "lado luz" e o "lado sombra" da ciência. A ciência é um corpo de conhecimento. A questão de como usá-la, e de como direcionar suas pesquisas, é uma decisão humana. E, portanto, dependente da nossa moralidade, ou falta de.

MSC: Essa atração e essa repulsão vêm em larga escala. Se por um lado nós desejamos viver mais, nós também tememos a vida. O que isso significa? Eu dou um exemplo. Oscar Niemeyer, nosso estupendo artista, morreu com 104 anos. Três meses antes de falecer, sepultou sua última filha, de 86 anos. Para alguém que vive bastante, como Niemeyer, o número de perdas com que se tem de lidar, vivenciar, sofrer é muito forte. A ideia de que você é passageiro coloca, de um lado, um imperativo de não desperdiçar a vida e, por outro lado, a consciência de que essa finitude pode não ser definitiva. Como falamos antes, e isso faz parte de um livro meu mais antigo, enfrentamos aquilo que é a nossa finitude com quatro grandes trilhas: a ciência, a arte, a filosofia e a religião. São todas buscas para impedir o evidente e evitar o inevitável. E esse inevitável, como você lembrava, pode ser alterado, um esforço que fazemos. A ciência o faz postergando a inevitabilidade ao máximo. A arte o faz buscando eternizar circunstâncias que não estejam submetidas a uma mera existência biológica — a filosofia pensando sobre a vida; a religião indicando que o fim não é o fim. Há um grande escritor argentino, dos anos 1970, Enrique Anderson Imbert, que escreveu um conto de três parágrafos que acho maravilhoso, "El sin más allá del más allá". Uma alma conversa com a outra sobre se existe vida após a morte. Ora, a percepção desses vários modos de existência, em larga escala, tenta responder à grande questão da vida.

MG: Pois é. Eu gosto de dizer que a questão da vida não é para ser respondida, mas para ser vivida. A resposta está na experiência do viver.

MSC: É a própria razão da vida. Por que existe alguma coisa e não nada? Por que as coisas existem em vez de não existirem? Há uma razão para isso? Esse impacto faz com que Frankenstein, a criatura no livro e não no filme, apareça muito mais como alguém encantador, afetuoso, que foi enganado pela ciência mais do que como alguém que foi produzido como uma ameaça. Quando Mel Brooks brinca com essa ideia em *O jovem Frankenstein*, temos certa simpatia pela criatura porque ela, tal como eu ou você, pode ser vítima de uma ciência que nem sempre sabe o que está fazendo. Goethe, no poema "O aprendiz de feiticeiro", mostra isso com força.

De novo, sem entrar na psicanálise, Mary Shelley explora um dos nossos desejos de eternidade, mas é um desejo que tememos. Eu quero — mas será que devo? Será que embarco numa circunstância desse tipo? E, é claro, o livro explora a dificuldade de a ciência controlar aquilo que entende como seu dever, e aqui uso um termo religioso, sua "tarefa salvífica", salvar vidas. Portanto, é mais uma forma messiânica de ação do que concretamente uma ameaça. Não é a criatura que é ameaçadora, mas sim quem é capaz de criá-la.

MG: Sem dúvida alguma. Duas coisas interessantes com relação a isso. A primeira é que a Mary Shelley perdeu uma filha antes de escrever esse romance.

MSC: Ah, é?

MG: Sim. E ela teve um sonho em que essa filha estava ainda viva, mas já muito doente. Ela aquecia a pobrezinha diante de uma lareira para tentar mantê-la viva. O sonho, as experiências a que assistiu ao vivo com os sapos eletrocutados, tudo isso fez parte do seu processo criativo, misturando a ciência, como possível salvadora, com o sofrimento da perda, a inevitabilidade da morte. "Será que a ciência poderia ter salvado minha filha? Se não na vida real, ao menos no mundo da ficção?" Mas aí esse desejo de mãe entra em conflito com a moralidade do uso da ciência, de usar o fogo de Prometeu onde os humanos não devem, contra a inevitabilidade da morte. Outra coisa interessante é que, no livro (e muito menos gente leu o livro do que assistiu ao filme dirigido por James Whale), a criatura tem um cérebro privilegiado. Não é aquele monstro que aparece nos filmes, todo duro, que não consegue nem falar. A criatura, expulsa da sociedade por ter um aspecto grotesco, pede ao seu criador que lhe faça uma companheira, para não viver numa solidão profunda. O criador, o doutor Frankenstein, entende que se der à criatura uma companheira, o casal poderia começar uma superespécie e suplantar os humanos, sendo muito mais fortes e mais inteligentes. E aí compreende o grande erro que cometeu: ao tentar usar a ciência para vencer a morte, causaria a destruição da espécie humana.

MSC: Que coisa forte.

MG: Daí ele se recusa e os dois terminam numa agonia final nos confins do planeta. O interessante aqui é que podemos não viver a história de Frankenstein atualmente, mas a ciência, hoje, se aproxima cada vez mais — não da possibilidade de nos dar uma vida eterna, porque essa inevitabilidade não sabemos como controlar — de modificar os seres vivos de forma irreversível, uma engenharia do que é possível biologicamente.

Se bem que, abrindo um parêntese aqui, no caso extremo do transumanismo, pessoas muito inteligentes acreditam que seja possível que isso eventualmente venha a acontecer. Discordo profundamente por vários motivos (que não vamos falar hoje).

Mas a ideia de que é possível modificar a nossa própria espécie geneticamente é fato, não ficção. Em 2020 quem ganhou o Prêmio Nobel de Química foram duas cientistas que inventaram uma tecnologia de manipulação direta dos genes chamada CRISPR.[*] A tecnologia permite que você possa manipular as quatro letras ATCG do genoma humano, cuja ordem determina nossas características genéticas.

MSC: Água, terra, fogo e ar.

MG: Mais ou menos. E elas essencialmente mostraram que é possível criar uma espécie de tesoura genética com que você pode fazer a edição do texto genético.

MSC: Editar os genes.

MG: Sim, é possível "desativar" certos genes e "ativar" outros de forma a mudar o genoma humano de uma forma hereditária, ou seja, que passa de geração em geração. Se você muda algo numa geração, essas mudanças passam para a prole. O ponto dessa conversa é que em um vídeo fascinante de uma das vencedoras, Jennifer Doudna, da Univer-

---

[*] As cientistas são a norte-americana Jennifer A. Doudna e a francesa Emmanuelle Charpentier. A sigla vem da expressão inglesa Clustered Regularly Interspaced Short Palindromic Repeats e, em tradução literal, significa "agrupados de curtas repetições palindrômicas regularmente interespaçadas". (N. do E.)

sidade da Califórnia em Berkeley (produzido pela mesma companhia em que escrevo ensaios semanais, a BigThink, nos Estados Unidos), fala sobre as promessas da tecnologia — esse é o "lado luz" da ciência a que me referi antes — em que realmente pode-se curar diversas doenças causadas por apenas um gene e outras mais complexas, causadas por mais de um gene. Mas ela fala também sobre os problemas éticos seríssimos que essa nova tecnologia pode gerar.

Primeiro: essa tecnologia vai ser extremamente cara. Por exemplo, já pode ser usada para curar um tipo raro de cegueira, mas o preço do tratamento é de 850 mil dólares. É um perfeito exemplo de como essas tecnologias vão criar uma polarização na sociedade, tornando aqueles que podem pagar por seus benefícios verdadeiros super-homens — *Übermensch*, como escreveu Nietzsche —, deixando os que não podem para trás. Ela também conta nesse vídeo — veja que incrível — que teve um pesadelo que era essencialmente a repetição da história de Frankenstein. Ela se sentiu o próprio doutor Frankenstein porque está criando uma tecnologia que não vai vencer a morte, mas que tem o poder de mudar a espécie humana. Resultado: ela resolveu sair do laboratório para incentivar a educação ética e moral do impacto dessas novas tecnologias, dessa nova ciência.

MSC: No campo da ética importa não aquilo que podemos fazer, mas aquilo que devemos fazer. Retomando um pouco Francis Bacon, com a ideia de que saber é poder, há a necessidade de pensarmos no poder do saber, isto é, em quem controla esse poder, que precisa ser observado para que a humanidade não desabe em armadilhas. Essa é a prática da ética, a ética como conduta correta. Para que a vida não manche sua trajetória com o que é indecente, com o que é indevido, com o que é incapacitável. Há um ditado chinês que diz que você nunca deve montar num tigre, porque depois que sobe não consegue ficar em cima nem consegue descer. Por isso você só tem uma escolha, se monta ou não. Depois de montado, as escolhas cessam. Ora, essa é uma conversa em que a palavra "manipular" aparece. Se num primeiro momento estava ligada às farmácias, farmácias de *manipulação*, hoje está ligada muito mais à própria noção não só de manipulação como de mau uso. Quando você falava do Frankenstein de Mary Shelley e do seu "cérebro bom", Mel Brooks, em *O jovem Frankenstein*, fazia o inverso. Igor [personagem feito por Marty Feldman] vai buscar um cérebro e encontra o de um certo "Mr. AB normal" [Senhor Anormal]. Ou seja, o doutor usa o cérebro de um anormal. Se bem que, por se tratar de uma comédia, o filme termina com o monstro na cama com alguém — algo, portanto, "monstruoso" no sentido mais expressivo.

MG: [Risos] No filme, o monstro se torna no personagem mais civilizado de todos.

MSC: Mas o que marca uma distopia nesse campo é o filme *Blade Runner: o caçador de androides*. Você se lembra da história? Os replicantes são caçados o tempo todo e se revoltam quando percebem que seu criador [o doutor Eldon Tyrell] os fez de modo mortal. E eles vão em busca desse criador para acertar as contas. A cena é muito representativa, muito paradigmática; quando encontram o cientista que os fez — e que, portanto, deu-lhes a mortalidade — eles o cegam, como Édipo. [O cientista, de óculos, tem os olhos afundados pelo replicante vivido pelo ator Rutger Hauer, Roy Batty.] O Édipo da mitologia dizia algo como: "Por que nos deu vida se sabia que não iria durar?"

Por isso as religiões, nesse campo, são um terreno fértil para que possamos serenar o inevitável. A tarefa da ciência não é essa, e sim procurar alterar o inevitável. A filosofia tem a tarefa de pensar o inevitável, não de serená-lo; a ciência, de alterar o inevitável; e a arte, de registrar as várias formas de beleza que o inevitável pode ter. Então, esses nossos modos de ação, claro, nos levam de novo a sua questão original: o que é uma vida boa?

No fundo, essa pergunta é de natureza ética. É a minha vida ou é a vida em geral? É a vida de uma pessoa? Evidentemente, você sabe que, ao contrário do que alguns imaginam, Charles Darwin nunca usou a palavra "evolução" no sentido de "melhoria". Ele a usou no sentido de *mudança*. Encrenca também evolui, câncer também se desenvolve, problema também progride. Quando um de nós morre, anota-se no prontuário do hospital: "Evoluiu para óbito." Portanto, nós podemos sim ter um processo de evolução que seja *colapsante*. Se examinarmos nossa noção de tempo, ela é muito restrita ao nosso tempo, a nossa vivência, a esta ou aquela circunstância. Mas talvez a noção mais nítida seja sobre a ideia de uma "vida boa", sugerida por um filósofo francês do século XX, Paul Ricoeur, que dizia que a ética é a vida boa para todas e todos em instituições justas. Pode ser muito abstrato como ponto de partida, mas vale desdobrar. O que é vida boa para todas e todos? Isso nós sabemos: a ausência de carência; a impossibilidade de doenças sem socorro; de fome sem comida; de intempéries sem abrigo — isso é vida boa pra todas e todos. O que são "todas e todos"? Significa ninguém fora. E o que são "instituições justas"? Aquelas que ajudam a ter vida boa para todas e todos. Pode parecer banal, simplório, mas é uma forma de conduzir nossa percepção do que significa uma vida boa.

Por último, quando cantamos que "é impossível ser feliz sozinho", claro que a ideia central é que a felicidade é partilhada. A música fala menos da solidão e mais da partilha. É impossível ser feliz sozinho, não porque estando sozinho você fica infeliz, mas porque quando estamos felizes queremos partilhar. Não tem como você, Marcelo, ver um estupendo pôr do sol na Espanha sem querer que junto de você estejam sua esposa e seus filhos ao lado. Tanto que você quer dizer: "Você tinha que estar aqui." E, nesse sentido, o que Mary Shelley fez foi colocar, na sua obra magnífica, aquilo que é maravilhoso: nosso sonho e nosso pesadelo ao mesmo tempo.

MG: Ao mesmo tempo, exatamente. Então, para individualizarmos essa questão da vida boa, na sua opinião, o que traz essa vida boa para as pessoas? Como nossos leitores vão poder levar isso para casa e para suas próprias experiências?

MSC: Eu tenho um livro chamado *Viver em paz para morrer em paz*. Esse livro tem um subtítulo, que é *Se você não existisse, que falta faria?* E eu quero trabalhar um pouco essa ideia, retomando algumas noções.

No dia em que eu me for, e eu me vou, quero fazer falta, isto é, não quero ter tido uma passagem episódica, absolutamente contingente, sem que eu "fique" de algum modo. E nesse livro eu digo que a única maneira de ficar, dada a nossa mortalidade, não é só na nossa obra, mas também nas outras pessoas. Para que você fique nas outras pessoas, para que você encarne aquilo que é o imortal, você não pode ser esquecido. Você sabe que a noção de verdade, *aletheia*, significa o não mortal, aquilo que tem perenidade. A minha verdade, no sentido clássico grego, seria a verdade de Cortella: eu quero permanecer. A única maneira de permanecer, se eu olho para a biologia, é pelos genes e, portanto, a reprodução contínua de maneira que eu "fique" no outro. Não é essa a minha concepção; a maneira de permanecer não é exclusivamente genética, embora eu seja pai de três, avô de quatro. Não é isso que garante a minha perenidade.

MG: E você vai diluindo pela metade de geração para geração, 1/2, 1/4, 1/8...

MSC: Isso. Eu quero ficar nas pessoas. Eu uso no livro *Viver em paz para morrer em paz* duas ideias que não queria descartar. A primeira: morrer em paz exige viver em paz, e viver em paz não é viver sem problema, sem dificuldade, sem dor. Viver em paz é viver com a certeza de que não está tendo uma vida banal, fútil, inútil e descartável.

E uma vida que não seja fútil, inútil e descartável é aquela que faz com que você consiga permanecer nas outras pessoas. E há alguns modos de permanecer — o "mau modo", que é você ser difamado. Mas há o "bom modo", que é ser afamado, isto é, que as pessoas o guardem na memória com admiração em vez de lembrarem de você com repulsa. Ora, nesse sentido, no dia em que eu me for, se eu ficar nas outras pessoas como uma lembrança que é afamada por admiração e, portanto, que a minha ausência faz falta, e se as pessoas não têm uma memória minha que seja reprovável e não deem graças de eu ter deixado de existir, isso significa que a minha vida valeu, isto é, que ela teve sentido. Significa que não fui meramente, como diria o sr. Spock em *Jornada nas estrelas*, uma unidade de carbono que saiu existindo e em determinado momento será recapturada.

MG: Sim, o belo ciclo de captura e reciclagem da matéria cósmica. Quem sabe de que restos de estrela vieram seus átomos de carbono e para onde irão?

MSC: O que faz a minha vida valer é que não seja fútil e inútil e que eu fique naquilo que é a possibilidade de fazer falta. Gosto da ideia de que algumas pessoas nos fazem falta. Quando você ontem mencionava a torta da sua avó, fazer a torta de novo e saboreá-la não é apenas uma questão de honra culinária. Ela é a maneira de tê-la de novo contigo, de estar ali perto de você. Essa "antropofagia espiritual", que é você deglutir sua avó por intermédio de uma torta, não é a receita que importa, nem a torta. É o que ela evoca. A noção da evocação da presença. Se eu fosse um pastor solitário na Grécia Antiga, há 2.900 anos, contemplando aquele céu magnífico à noite enquanto as ovelhas dormiam, tomando conta para o lobo não se aproximar, lembraria do Pascal que muito mais tarde disse que "o silêncio desses espaços infinitos me apavora". Mas ao meu pavor teria que ser acrescentada uma admiração, enxergar a beleza que aquele pavor também pode provocar, a minha tentativa de querer entender, afinal, o que é tudo isso e eu nisso tudo.

MG: Muito lindo! Esses pensamentos podem encerrar esta nossa conversa. E é linda essa história de Pascal, eu volto muito a ela também, mas dou outro significado. Em vez do terror do silêncio, vejo justamente a possibilidade de celebrarmos a possibilidade de perceber esse silêncio que reposiciona o ser humano não como uma coisa muito pequenininha na vastidão cósmica, mas como aquela coisa que pode entender, que tem a capacidade de se questionar sobre quem se é neste universo tão misterioso. Essa postura de curiosidade, de abraçar o mistério, é uma celebração de quem somos, algo que as pessoas se esquecem de fazer.

MSC: É a reverência. Vocês, cariocas, têm um hábito que eu acho admirável, que é, no final da tarde de domingo, quando o sol se põe, aplaudi-lo. Não é heliolatria, não é uma recuperação copernicana, mas é, acima de tudo, uma reverência à vida, assim como nós, italianos, quando brindamos, o copo elevado, dizemos "Cent'anni!", cem anos. Viva cem anos. Ou quando abraçamos as pessoas e há reverência pelo fato de elas também terem calor, que podemos sentir. Nós sentimos falta, nesse tempo pandêmico, do abraço. Mais do que o gesto afetivo *stricto sensu*, porque a outra pessoa emana calor também. É aquele fogo eterno que se apaga, que se acende, de acordo com a medida desconhecida de Heráclito.

MG: Ah, os gregos. Nós, misturas transientes dos quatro elementos, capazes de contemplar o mistério da existência, ardendo com o fogo de Prometeu, carregando o universo inteiro dentro de nós.

AGRADECIMENTOS

Agradeço, antes de mais nada, aos meus fiéis seguidores no YouTube, o berço do Papo Astral, esses encontros com pessoas e pensadores extraordinários que tive a honra de receber ao longo dos últimos anos. Foi lá que surgiu a ideia desta coleção, estendendo à dimensão de um livro conversas e encontros que foram impactantes para mim e, acredito, serão também para vocês, nossos leitores.

Agradeço a confiança e o apoio do nosso editor, Rodrigo Lacerda, presente durante as gravações das conversas, sempre disposto a trocar ideias e a criar algo de novo.

Agradeço, também, aos meus três jovens assistentes no YouTube, Mayumi Miyazato, Emerson Rocha e Breno Teixeira, cuja energia, criatividade e conhecimento das mídias sociais foram essenciais para o sucesso desse experimento em engajamento social.

Marcelo Gleiser

Este livro foi composto na tipografia Minion Pro,
em corpo 12/16,5, e impresso em
papel off-white no Sistema Cameron da
Divisão Gráfica da Distribuidora Record.